LA LITTÉRATURE
EST UN VOYAGE DE DÉCOUVERTE

T0079826

LA LITTÉRATURE EST UN VOYAGE DE DÉCOUVERTE

**TOM BISHOP
EN CONVERSATION AVEC
DONATIEN GRAU**

DIAPHANES

Tom Bishop, pendant plus d'un demi-siècle, a eu la réputation de régner sur les interactions entre Paris et New York: dans les domaines de la littérature – vingt ans durant, les étudiants se sont pressés à l'université de New York, en anglais NYU (New York University), pour écouter le professeur invité et théoricien du Nouveau Roman Alain Robbe-Grillet –, de la philosophie, mais aussi des sciences humaines, de l'art, de la politique, de l'économie. La vision de l'université qu'a Tom en fait un microcosme de la Cité et la confronte aux enjeux civiques et politiques. Son action à NYU a marqué une époque, celle où Paris comptait plus que toute autre ville à New York, devenue à son tour le grand centre culturel mondial. Il appartient à l'époque des capitales et de cette *translatio culturae* qui s'est opérée de Paris à New York, mais où Paris tenait encore son rôle d'inspiration.

Quand j'ai rencontré Tom, en 2010, j'ai tout de suite été frappé par sa force, son énergie de vie. Cette époque était celle de quelques désagréments pour moi à l'École normale supérieure, où j'enseignais. Dès que je lui en ai parlé, en confidence, il m'a dit: «Mais venez donc donner une conférence ici!» C'est ainsi que, après tant d'autres, je me suis trouvé, à vingt-quatre ans, convié à donner une *Florence Gould Lecture*, ce cycle sur lequel Tom avait la haute main. Je l'ai consacrée à des recherches alors en cours sur Proust et Sainte-Beuve.

Et notre amitié a commencé. Après cette conférence, j'ai organisé à l'invitation de Tom une discussion sur «Les lieux de l'art» avec Philippe de Montebello, Joachim Pissarro, Philippe Vergne, les trois grands Français du monde de l'art new-yorkais. Puis nous avons coorganisé le colloque «Re-Thinking Literature» (repenser la littérature), qui s'est tenu à

NYU en 2013. Quand Tom m'a proposé de concevoir avec lui son colloque annuel du Centre de civilisation et de culture françaises, j'ai immédiatement pensé qu'il était nécessaire de poursuivre ce qu'il avait fait tout du long : se confronter, avec exigence et audace, aux grandes questions, en sachant bien que ce qui était fait n'était qu'un début, un point de départ. De ce colloque est née une publication, *Ways of Re-Thinking Literature*, conçue entre New York et Paris, dont on peut rêver qu'elle puisse donner lieu à de multiples autres livres, vus de Delhi, Lagos, Shanghai, Kuala Lumpur, Mexico ou Buenos Aires.

J'ai voulu, en parlant avec lui, donner à entendre sa voix, celle d'un savant, d'un être contemporain intensément vivant. Les conversations ici recueillies appartiennent à des situations différentes et se sont accumulées lors des quatre dernières années. Tom Bishop y donne des éléments de sa recherche, retrace son parcours, sa propre histoire : le départ de Vienne, pour lui qui se qualifie de « Juif viennois non juif et non viennois », ses études, ses rencontres, ses choix, son rôle même, sa conception de la littérature et de la vie, son rapport au monde politique et économique ; la façon dont il a contribué à définir le métier de *curator* tel qu'il est pratiqué aujourd'hui, tout en lui préférant de loin celui de professeur.

C'est à la fois le chercheur, l'organisateur, l'acteur majeur de la vie intellectuelle qui apparaît ici. C'est aussi la personne, avec ses affirmations, ses colères, ses refus, ses fidélités, son insatiable appétit de découvertes et de nouveauté, son attachement profond à l'université, lieu de liberté et de création.

Donatien Grau

I

PREMIÈRE APPROCHE

Donatien Grau — Cher Tom, vous avez donné votre vie à la littérature, à une certaine idée de la littérature. J'ai le sentiment qu'il existe un point de départ à ce parcours : 1938, vous avez neuf ans, vous quittez l'Autriche, vous arrivez à Paris, apprenez le français, que vous ne parliez pas, à Janson-de-Sailly, où vous êtes – sans le savoir – le condisciple de George Steiner, au parcours identique au vôtre. En quelques mois, vous maîtrisez la langue, pour ensuite repartir, en juin 1940, dans le dernier bateau pour les États-Unis, lequel sera torpillé au retour. Pourriez-vous me parler de votre rapport à la littérature parmi les langues : l'allemand de naissance, le français et l'anglais ?

Tom Bishop — La langue allemande est celle qui a passé le plus vite : depuis l'âge de neuf ans, je l'ai littéralement refusée. Je n'ai plus l'habitude de la parler, tant il y a longtemps que je l'ai perdue. Peu à peu, cependant, j'ai fait la paix avec ma langue maternelle, que je parlais à la maison, avec mes parents. Il reste que c'est l'Histoire qui a conditionné mon rapport avec elle.

Remontons dans le temps. Nous sommes en 1938, en Autriche, au moment de l'*Anschluss*, c'est-à-dire de sa récupération par l'Allemagne. Je ne sais pas si ce mot, « récupération », est vraiment à propos, mais c'est ainsi que je l'ai vécu. Ma famille était viennoise, et j'écrivais des poèmes antiallemands. Elle me trouvait « matérialiste » parce que je lui vendais mes poèmes, n'ignorant rien de ses capacités de paiement. J'écrivais en allemand parce que c'était la seule langue que je connaissais à l'époque. À la fin de 1938, nous avons quitté Vienne pour Budapest, en toute illégalité. À mes yeux d'enfant, la langue représentait une sorte d'imaginaire, comme la littérature, la poésie. Quoique âgé de neuf ans seulement, je lisais beaucoup, grâce à la bibliothèque de mes parents. L'écriture de poèmes antiallemands m'est rapidement devenue une nécessité.

D. G. — Des poèmes antiallemands en allemand?

T. B. — Oui, en allemand, grâce à la connaissance de la langue et de la poésie que j'avais acquise. Je me souviens très précisément de l'*Anschluss*, de notre départ pour Budapest, puis Paris. Nous n'avions pas le droit de rester en Hongrie. Nous avons donc dû transiter par l'Autriche à nouveau puis l'Allemagne avant d'atteindre la capitale française. Tout changeait à un rythme vertigineux.

J'ai quitté Vienne quinze jours après l'*Anschluss*, ce mot tant haï, j'allais dire par les Autrichiens, mais qui étaient-ils au juste ces Autrichiens? Dès le lendemain de l'annexion, qui s'était produite un vendredi soir, Vienne, je l'ai vu, était entièrement pavoisée de croix gammées et d'immenses drapeaux allemands, que les Autrichiens adoraient. Tous étaient déjà prêts pour être hissés sur la *Ringstrasse* et les autres rues viennoises sans perdre une seule minute.

Pourtant, qu'est-ce que j'aimais l'Autriche! Pourquoi? Je ne connaissais rien d'autre. Tout s'est passé avec une rapidité sidérante. En vingt-quatre heures, l'invasion allemande, rapide, très violente, était consommée.

Que savais-je, en réalité? Pas grand-chose, juste assez pour ne pouvoir ignorer que les Allemands étaient désormais aux commandes. Je n'avais pas besoin qu'on me fasse la leçon pour cela. Tout était clair, très clair même. Il suffisait de garder les yeux ouverts pour comprendre ce qui arrivait au pays. Dix jours plus tôt, il était libre, plus ou moins, bien sûr, tant la liberté restait relative en Autriche, comme un peu partout.

D. G. — Quand vous êtes arrivé à Paris, vous avez dû parler français, une langue que vous ignoriez.

T. B. — En effet, totalement. Une de mes tantes vivait à Paris: elle était la femme de mon oncle maternel, hongrois, comme tout le reste de ce côté de ma famille. Les Autrichiens, que l'on ne pouvait plus appeler ainsi, avaient été balayés.

Je me suis beaucoup interrogé, ces dernières années, sur ce que je savais à l'époque, ce dont j'étais conscient. Peu de chose, en réalité, mais assez pour que je comprenne, pendant ces quelques jours tragiques, que je vivais dans un pays soumis à une occupation néfaste, que les Autrichiens ne voyaient pas pour ce qu'elle était : le mal. La majeure partie de la population était ravie. J'ai toujours en tête ces images de l'armée allemande paradant dans les grandes artères de Vienne, applaudie comme on n'aurait jamais pu l'imaginer. Pour quelqu'un comme moi, qui écrivais des poèmes antiallemands, c'était absolument incroyable : les Autrichiens avaient oublié ce qu'ils étaient ! Ce n'était plus seulement l'antisémitisme, pourtant si puissant : tout le pays semblait être devenu nazi. Il ne restait de Vienne plus rien de ce qu'elle avait été.

Chaque heure passée, mon monde se rétrécissait. Les attaques nazies ont commencé presque aussitôt. Je n'avais jamais connu une telle violence. Et ça m'était d'autant plus pénible que j'étais germanophone et antinazi.

D. G. — Germanophone et germanophobe.

T. B. — Les deux, oui. C'était très dur à vivre.

D. G. — Diriez-vous que, à votre arrivée à Paris, la passion que vous avez développée pour la langue et la littérature françaises a été comme une nouvelle naissance ?

T. B. — Oui, c'est cela, une nouvelle naissance. La langue française a remplacé l'allemand. Pourtant, je n'en connaissais pas un traître mot. J'ai dû l'apprendre.

D. G. — Vous aviez d'ailleurs un condisciple que vous ne connaissiez pas, dont les similitudes avec vous ne laissent pas d'étonner : George Steiner.

T. B. — En effet, Steiner et moi avons traversé l'océan sur le même bateau, *Le Champlain*, et sommes donc arrivés à New York en même temps. Le navire a été torpillé et coulé sur son trajet de retour. Steiner était scolarisé à Janson-de-Sailly, tout comme moi, venant de Vienne, comme moi aussi, et à peu près du même milieu. Pourtant, nous ne nous sommes jamais croisés, du moins consciemment…

D. G. — Vous vous êtes donc livré à l'apprentissage de la langue et de la littérature françaises.

T. B. — La littérature est venue un peu plus tard, après la langue. Celle-ci m'attirait énormément. Non seulement parce qu'elle était magnifique, mais aussi parce ce qu'elle n'était pas celle des Allemands, ce qui pour moi comptait plus que tout.

D. G. — Qu'est-ce qui vous a incité à vouer votre vie à la littérature et à la culture françaises ?

T. B. — Je n'oublierai jamais ces moments passés dans une école parisienne. On me traitait de « Boche », alors même que je détestais l'Allemagne. J'étais arrivé en milieu d'année, je ne parlais pas un mot de français. En six mois, j'ai figuré au tableau d'honneur, en un an avec les félicitations. C'est dire combien je refusais le nom de «Boche» et voulais exceller dans cette langue devenue ma nouvelle patrie.

En un sens, je me trouvais dans une situation où la langue m'était donnée, mais je ne pouvais imaginer de me tourner avec elle contre l'allemand.

D. G. — Et l'américain?

T. B. — Concernant la langue américaine, c'était trop tôt. Je n'en connaissais encore rien. Tout cela a pris du temps; on n'apprend pas tout, tout de suite. C'est au petit lycée de Paris, à Janson-de-Sailly, que j'ai commencé à apprendre l'anglais.

D. G. — Et après 1940, New York et le lycée français?

T. B. — Non, je ne suis pas allé au lycée français. J'ai été inscrit dans une école communale, où je me suis retrouvé avec des enfants en provenance de presque toute l'Europe. Nous y avons appris l'anglais ensemble. Celui qui a joué le rôle le plus important pour moi a été mon frère, Émile. Il n'avait que quatre ans de plus que moi, mais il paraissait beaucoup plus âgé. J'avais douze ans; il en avait donc seize, mais faisait dix-huit ans, peut-être vingt. Je l'admirais beaucoup. Quand nous sommes arrivés en France, nous avons décidé de parler français, parce que c'était notre seule défense contre l'allemand. Émile était avec moi, j'étais avec lui. Nous étions tous les deux passionnément antiallemands, anti-«Autriche allemande». À New York, nous devions parler anglais, mais entre nous, nous ne communiquions qu'en français. Il s'était engagé dans la France Libre. Nous avons continué à parler français ensemble tout au long de notre vie. Il était capital pour chacun d'entre nous de posséder cet espace en propre où nous pouvions exister l'un pour l'autre, l'un avec l'autre.

Le français n'était pas seulement *une* langue ; il était devenu *notre* langue. Grâce à lui, nous pouvions nous défendre contre tout ce qui nous menaçait. Si j'ai pu conserver ce que j'en avais appris, c'est grâce à mon frère, qui le parlait très bien et avait beaucoup de talents. Surtout, il ne voulait pas que j'oublie mon français. Et voyez, à mon âge avancé, je ne l'ai pas oublié, du moins pas totalement.

Alors même que je devenais américain – et pleinement américain, comme je le suis encore aujourd'hui –, j'avais gardé cet espace pour la langue française, que je lisais sans cesse. Vers seize ou dix-sept ans, je lisais les grands classiques français dans le texte, et c'est ainsi que, tout naturellement, un métier m'est apparu possible avec cette langue.

D. G. — Dans votre travail à NYU, vous avez cherché, en quelque sorte, à établir des canons.

T. B. — Établir, je ne sais, mais transcrire, oui. Vous m'attribuez peut-être une vocation que je n'ai pas nécessairement eue… Être franco-américain en littérature était une position intéressante dans les années 1950 et 1960 : après s'être beaucoup inspiré du roman américain, le roman français était devenu une nouveauté radicale.

D. G. — Vous avez fait le choix d'inviter Alain Robbe-Grillet à enseigner tous les ans pendant vingt-cinq ans à NYU.

T. B. — Je ne suis pas certain que l'on puisse dire de manière aussi nette que j'ai « fait le choix » de Robbe-Grillet. Claude Simon était à mes yeux aussi grand, sinon plus, que lui. Je l'ai d'ailleurs invité à NYU bien avant qu'il ne reçoive le prix Nobel. Malheureusement, il n'a pas vraiment accepté d'enseigner, il était trop timide.

À dire vrai, je ne me posais pas la question de savoir qui était « le plus grand ». Il m'importait surtout d'avoir là des écrivains qui avaient inventé une lecture et une écriture nouvelles, inédites. Ça a marché, ça a pris.

D. G. — Vous êtes-vous intéressé à l'autofiction ?

T. B. — Oui, par les auteurs qui l'ont inventée : Camille Laurens, Hélène Cixous, Catherine Millet, notamment, qui ont apporté une écriture entièrement nouvelle, inconnue avant elles. On en trouve quelques équivalents aux États-Unis, qui sont venus en parler au colloque que nous avons organisé à NYU, comme Siri Hustvedt ou Daniel Mendelsohn.

Le mot même d'autofiction a été inventé par mon collègue français de NYU Serge Doubrovsky. C'était un grand type qui avait marqué la littérature de son temps non seulement en illustrant une pratique qui était alors en train de se répandre, mais en lui donnant son nom. Chaque fois qu'on utilise ce terme, on se met en quelque sorte en dette envers Doubrovsky, qui reste toutefois plus connu aux États-Unis pour ses recherches sur Proust que pour ses romans. L'autofiction a constitué une nouveauté importante, qui a ensuite fait son chemin et marqué la littérature française pendant une longue période. En un sens, elle continue de le faire.

D. G. — Une question sur les rapports entre les mondes parisien et newyorkais. J'ai le sentiment que vous avez été contemporain d'une époque épique, aujourd'hui sans doute révolue, où tout se décidait au Café de Flore et à la Brasserie Lipp, à Paris, où vous avez gardé, encore aujourd'hui, vos habitudes, et au Café Loup, à New York, voire au Knickerbocker... Que pensez-vous de cette sociabilité ? Ces pôles existaient-ils réellement ou étaient-ils déjà des fictions ?

T. B. — Non, vous avez raison, ces pôles existaient et exerçaient de puissantes forces d'attraction intellectuelle, en même temps que de vie sociale et d'écriture. On parlait à l'époque surtout de Robbe-Grillet, qui était devenu, et s'était un peu fait lui-même, le plus important de ces écrivains, le plus connu et le plus lu avec Nathalie Sarraute.

Mais au-delà, le Nouveau Roman peinait à trouver des lecteurs, à l'image de l'œuvre de Robert Pinget, alors même que c'était aussi un auteur important. Mais qu'ils aient été beaucoup ou moins lus, tous participaient d'une sorte de *Zeitgeist*.

D. G. — Pour employer un mot allemand.

T. B. — Je savais que vous alliez me taquiner pour ce mot… Mais vous avez raison, le *Zeitgeist* comptait énormément. Pour en revenir à votre question précédente, c'était aussi un milieu, avec ses amitiés, ses rencontres. Robbe-Grillet avait commencé à écrire peu avant d'être lu et acheté. C'était aussi une figure sociale, on ne saurait le nier, et il est devenu rapidement célèbre. On n'a pas été obligé d'inventer des mécanismes, ils se sont faits automatiquement. Et cela a énormément influé sur la littérature française. Après la Seconde Guerre mondiale, tout ce qui était nouveau était mis à la disposition d'un public mondial prêt à le lire, en français.

D. G. — Vous avez été fortement associé au Nouveau Roman. Quelles ont été les raisons de votre intérêt pour ce mouvement?

T. B. — Parmi les écrivains de cette époque, certains en appelaient à un «nouveau roman». La sauce a pris, et cela a commencé à marcher. Les États-Unis constituaient une destination particulièrement appropriée pour recevoir un «roman nouveau» et l'appellation même de Nouveau Roman. Des éditeurs tels que Grove Press ont publié beaucoup d'auteurs associés à ce courant.

D. G. — Pourquoi l'Amérique était-elle «une destination particulièrement appropriée»?

T. B. — Parce qu'elle voulait penser à nouveaux frais, voulait faire du neuf. Il n'y avait pas besoin de convaincre les auteurs du Nouveau Roman de faire du neuf. C'était leur façon de penser. Et ils travaillaient, que ce soit Sarraute, Marguerite Duras ou, évidemment, Robbe-Grillet.

Personne n'avait lu auparavant des romans tels que ceux de Robbe-Grillet. Une telle littérature, utilisant des techniques qui lui étaient propres, était inconnue, tout comme l'était aussi celle de Sarraute, et de tant d'autres. Ces tentatives inédites n'étaient peut-être pas très conceptualisées à l'origine, mais elles le sont vite devenues. Tous ces auteurs savaient où ils voulaient aller.

D. G. — Vous traversiez les domaines et les écoles: aujourd'hui, on a tendance à cartographier la littérature, à définir des chapelles. On est d'un côté, pas de l'autre, on choisit son combat, et l'on ignore un peu les autres. Vous me donnez l'impression d'appartenir à une époque et à une vision beaucoup plus transversales.

T. B. — Au risque de paraître simpliste, je dirais que tout cela était à prendre. À partir du moment où un écrivain commençait à écrire des romans nouveaux, qui allaient bientôt constituer ce que l'on appellerait le Nouveau Roman, il était relativement facile de lui manifester de l'intérêt. Pour les lecteurs de Sarraute, comme pour ceux de Robbe-Grillet, il y avait quelque chose à faire : c'était nouveau, intelligent ; le public potentiel, vaste ; et celui-ci ne cessait de croître, grâce bien sûr aux maisons d'édition, mais aussi à beaucoup d'autres facteurs qui ont contribué à faire tenir tout cela ensemble.

D. G. — Qu'en était-il de votre intérêt pour les sciences humaines, dans lesquelles vous vous êtes également énormément impliqué ?

T. B. — Parallèlement à la philosophie, ou à la *theory*, comme nous le disions, se déroulait toute une recherche passionnante du côté des sciences humaines, à l'image du travail de mon ami Edgar Morin, un des tout grands sociologues et penseurs du système, doublé d'un véritable humaniste. Au cours des années 1970, il y a eu aussi toute l'école historique et politique que j'ai beaucoup suivie, avec notamment François Furet ou Emmanuel Le Roy Ladurie. Tout cela avait lieu en même temps.

D. G. — À un certain moment, on a dit, et certains vous l'ont reproché, qu'il suffisait d'être invité par Tom Bishop pour exister aux États-Unis. Que pensez-vous de cette mythologie ?

T. B. — Je n'y crois pas. Pour exister comme écrivain, il faut avoir des choses à offrir au lecteur. Et c'était le cas, quoique pas toujours de la même façon. Les lecteurs de Sarraute n'étaient pas forcément ceux de Robbe-Grillet, voire sans doute pas, mais tous deux avaient quelque chose à offrir. Sarraute était assez facile à comprendre et n'avait donc pas besoin d'intermédiaire pour être lue et acceptée.

D. G. — Et Hélène Cixous ?

T. B. — Elle a peut-être connu plus de difficultés à trouver le succès commercial, mais cela n'empêche pas que, d'un point de vue humain, littéraire, elle était tout aussi importante et avait autant d'impact. On peut dire qu'elle a changé le paysage philosophique et littéraire américain. Cixous n'a jamais «marché» *comme* Robbe-Grillet, mais elle marchait très bien *comme* Cixous, une immense écrivaine, qui a conquis aux États-Unis un public différent de celui qu'elle touchait en France. À NYU, nous avons été parmi les premiers à organiser avec elle, mais aussi avec Susan Sontag, un colloque sur le féminisme, dans les années 1970. Dans les années 1990, nous avons aussi célébré une nouvelle de génération de femmes, dont Marie NDiaye, Linda Lê et bien d'autres.

D. G. — Comment décririez-vous ce processus d'invitations à l'université de New York ?

T. B. — Ce n'étaient pas des moments séparés, mais plutôt un ensemble de choses qui marchaient, et je crois que c'est cet ensemble qui a été lu et vu.

D. G. — Tom, accepteriez-vous que je dise de vous que vous êtes un universitaire qui a effectué des recherches, travaillé et écrit, en même temps que quelqu'un qui a provoqué des rencontres innombrables et a su mêler rencontres, écriture et université à la vie littéraire et artistique ?

T. B. — Ai-je vraiment été ce que vous dites ? Je l'ignore. Si tout cela comporte une part de vérité, cela s'est produit sans que je l'aie voulu ou su.

2

AVANT-GARDES

D. G. — Un des sujets que je voudrais aborder avec vous est l'avant-garde, qui, je le sais, se situe au cœur même de votre travail. J'ai le sentiment que vous auriez des analyses fascinantes à proposer pour aujourd'hui.

T. B. — L'avant-garde, encore si omniprésente il y a peu, est difficile à trouver de nos jours. Peut-être a-t-elle disparu, ou est-elle juste en hibernation. Au XXᵉ siècle, la littérature a été profondément influencée par les inventions, les innovations et les découvertes des mouvements d'avant-garde, peut-être plus à certaines époques qu'à d'autres et dans certains pays que dans d'autres, mais elle a toujours exercé sa présence. Une grande partie des créations artistiques les plus intéressantes, et certainement les plus passionnantes, d'une partie importante du siècle passé ont été soit créées par des mouvements d'avant-garde, soit influencées directement par eux.

Les mouvements d'avant-garde ont tendance à apparaître et durer pendant un certain temps, puis à être suivis d'une période d'absorption dans le courant dominant ou de réaction à leur égard. Ces deux phénomènes sont cycliques, mais l'importance et la durée des cycles varient énormément. Au XXᵉ siècle, les mouvements d'avant-garde se sont montrés actifs pendant une période relativement longue, de sorte que l'on pourrait raisonnablement considérer l'essentiel de ce siècle comme celui des avant-gardes. À la fin des années 1990 et au début de la décennie suivante, celles-ci ont semblé dans l'ensemble remarquablement silencieuses.

D. G. — Que pensez-vous du mot même d'« avant-garde » ?

T. B. — On a tellement écrit sur l'avant-garde qu'elle en est devenue suspecte. Elle est en outre difficile à cerner, tant il est impossible d'en donner une définition universelle, applicable à toutes les formes d'art et à toutes les époques. Pour certains, l'idée d'avant-garde se borne à l'audace. Si, de nos jours, l'« audace » ne vaut que pour l'œuvre, à la Belle Époque et même encore après, elle concernait aussi le comportement personnel de l'artiste, qui tentait de choquer la classe moyenne et qu'on a appelé l'« épate-bourgeois ». Le « merdre » d'Ubu défiait tout un consensus scénique, mais des comportements publics délibérément outrageants choquaient et provoquaient tout autant. L'incitation peut-être la plus célèbre à l'esthétique avant-gardiste de toute une génération a été l'adresse de Diaghilev à Jean Cocteau : « Étonne-moi ! » Peu importe que Diaghilev ait été en train de parler à Nijinsky à ce moment-là et qu'il ait lancé ce défi pour faire taire le très jeune Cocteau, au moins pour un temps. Celui-ci en a profité pour élever l'étonnement au rang de pierre angulaire de son ambition d'incarner l'avant-garde. Il y a effectivement réussi pendant une décennie, mais guère au-delà.

L'appel à l'étonnement, qui inspirera tant d'autres écrivains et plasticiens des années 1920, pouvait bien sûr faire naître des tendances et amener l'avant-garde à s'apparenter à un mouvement de mode, comme si elle était en quelque sorte liée par l'esprit à la psychologie de l'industrie de la haute couture. En 1923, le grand réalisateur Charles Dullin a abordé un aspect important de l'avant-garde théâtrale en insistant sur la nature du public : « Au théâtre, comme dans tous les arts, il y a ceux qui peuvent voir et ceux qui sont nés aveugles. Il faut à ces derniers une vie entière pour s'habituer aux grandes choses, et ce n'est qu'après avoir entendu dire et redire pendant cinquante ans que quelque chose est beau qu'ils le cèdent au jugement d'autrui. »

D. G. — Comment espérer trouver une définition globale de l'avant-garde alors qu'on peine à seulement décrire ce qu'elle a été à un moment donné et dans un domaine donné ?

T. B. — Il pourrait être plus facile d'aborder le problème de manière négative, en considérant que, par essence, l'avant-garde s'oppose à ce qui est acceptable à un moment donné pour l'« establishment », même, et surtout, pour ses membres les plus éclairés. Hier comme aujourd'hui, l'avant-garde, que ce soit au théâtre, dans les lettres, le ballet, la musique ou la peinture, se caractérise avant tout par un refus des formes établies. Ces réactions prennent des contours différents selon les époques et n'ont peut-être rien de commun, hormis la remise en cause de l'ordre établi. Si, par exemple, la mode littéraire est au réalisme, l'avant-garde aura tendance à adopter l'antiréalisme. Si, au contraire, il s'agit du symbolisme, elle sera antisymboliste. Mais lorsqu'un de ces modes d'expression approche de son zénith, il se fige en formules arbitraires et perd le contact avec les aspirations artistiques de la jeune génération. Pour l'artiste expérimental, tout mode existant est d'emblée dégénéré.

L'artiste d'avant-garde est un révolutionnaire qui mène sans relâche un combat minoritaire contre les formes artistiques généralement révérées par les autres. Mais ces « autres » ne sont pas le public facilement satisfait du théâtre de boulevard ou des romans à sensation. L'auteur d'avant-garde s'oppose à ses homologues lettrés qui attirent un public nombreux et cultivé. Par exemple, l'œuvre théâtrale d'un Samuel Beckett ou d'un Jean Genet s'oppose non aux divertissements légers de Marcel Achard, mais aux pièces intellectuelles de Jean Anouilh et de Jean Giraudoux. C'est à cette seule condition que la métaphore militaire inhérente à l'expression « avant-garde » peut garder son sens. La petite avant-garde d'une armée prépare le terrain pour le gros des troupes ; de même, les écrivains d'avant-garde, lorsqu'ils connaissent le succès, montrent la voie non à l'art simplement commercial, mais à ces écrivains sérieux à venir qui rencontreront plus tard un large public.

D. G. — Cela entraîne-t-il que l'avant-garde, lorsqu'elle existe, incarne nécessairement ce qu'il y a de plus substantiel dans une forme d'art donnée?

T. B. — Par nature, il s'agit d'une esthétique en devenir, et non déjà constituée. Ce «devenir» ne met pas forcément tout le monde à l'aise, y compris chez les critiques les plus avisés. Par exemple, en 1971, au plus fort du groupe Tel Quel et de la déconstruction, Roland Barthes se montrait réticent, voire pessimiste, à l'égard de l'avant-garde du théâtre de l'absurde. Seules les pièces politiques de Brecht trouvaient grâce à ses yeux. Barthes lui-même a décrit sa position théorique avec candeur, ne se rendant peut-être pas compte de son étonnante faiblesse: «Ma proposition théorique est d'être à l'arrière-garde de l'avant-garde.» Antoine Compagnon a donc eu raison de l'inclure parmi ses «antimodernes».

D. G. — Qu'advient-il alors des avant-gardes une fois venues au monde?

T. B. — Elles deviennent nécessairement soumises aux lois de l'évolution artistique. Une avant-garde ne peut jamais rester longtemps telle quelle, puisqu'elle se définit par rapport à l'establishment existant, lequel change lui-même constamment. Elle est donc soit rejetée, soit assimilée.

Si une avant-garde échoue – et c'est le sort de la plupart d'entre elles –, elle disparaît généralement sans laisser de trace. Mais si elle parvient à s'imposer, elle finit par changer l'establishment ou les formes acceptées du moment. Leur influence varie en outre selon les circonstances: celle-ci peut se limiter à quelques techniques nouvelles ou s'étendre beaucoup plus largement, comme l'a fait le surréalisme, par exemple, en imposant une nouvelle esthétique aux implications profondes, y compris sur la publicité, tout en bas de l'échelle de valeur artistique.

L'expression même d'« avant-garde » concerne nécessairement un nombre relativement restreint d'écrivains ou d'artistes, qui, du moins au début, ne connaissent qu'une influence limitée. Leur forme d'expression minoritaire leur interdit de rejoindre le courant dominant, sauf à cesser d'être expérimentale. Lorsqu'un mouvement d'avant-garde devient à la mode, sa ferveur révolutionnaire est déjà passée. Parvenue à ce stade, et ayant atteint son objectif de réforme, l'avant-garde devient partie prenante de l'establishment. Elle pourra néanmoins inspirer de nouvelles avant-gardes, qui se lèveront pour contester la « tyrannie » qu'elle est elle-même devenue, dans un mouvement cyclique sans fin.

D. G. — Vous êtes un spécialiste du « théâtre de l'absurde ». Comment le situez-vous par rapport à l'avant-garde ?

T. B. — Lors de l'extraordinaire explosion d'innovations théâtrales des années 1950, il n'y a pas si longtemps, la notion même d'avant-garde, qui avait joué un rôle si important dans l'esthétique de l'art français sous toutes ses formes depuis le milieu du XIXᵉ siècle, a fini par triompher au théâtre avec Ionesco, Beckett, Genet, Adamov, etc. Tous ces auteurs ont radicalement changé l'écriture dramatique et la représentation scénique, d'abord en France et bientôt dans tout le monde occidental. C'était une avant-garde iconoclaste, qui cherchait à bouleverser les règles du jeu, à radicaliser la théâtralité, à faire disparaître ce qui restait des techniques réalistes après un demi-siècle de réactions antiréalistes au lavage de cerveau qu'avait représenté la notion de « quatrième mur » d'André Antoine dans les années 1890.

Ce nouveau théâtre constitua une avant-garde extrêmement prospère. La rumeur se répandit dans les petites salles de la rive gauche que les nouveaux concepts de théâtralité sapaient le travail des meilleurs dramaturges du temps (Sartre, Camus, Montherlant, Anouilh), avant tout fondé sur l'intrigue, les personnages, la psychologie, la cohérence narrative. Les nouveaux auteurs n'offraient aucune vision commune. Seul les réunissait, jusqu'à un certain point, le refus du *statu quo*. Leurs œuvres n'ont pas tardé à être montées sur des scènes plus grandes et plus prestigieuses, comme l'Odéon et la Comédie-Française, et ils ont fini par incarner la théâtralité même des années 1950 et 1960. Il est rare qu'une avant-garde s'impose de manière aussi complète et que les tenants d'un art expérimental rebelle deviennent aussi rapidement les représentants établis d'une forme d'art. C'est pourtant ce qui s'est produit avec ce qui est resté célèbre, pour le meilleur et pour le pire, sous le nom de « théâtre de l'absurde ».

Tout auteur dramatique sérieux pouvait légitimement prétendre qu'il n'était plus possible de travailler pour le théâtre comme si rien ne s'était passé. Certains dramaturges continuaient pourtant à l'évidence à écrire comme avant, de même que de nombreux romanciers du XXe siècle continuaient à produire de bons ou de mauvais romans à la façon du XIXe siècle, comme si Joyce, Kafka, Virginia Woolf, Beckett, Borges et le Nouveau Roman n'avaient jamais existé. Pour ceux qui réfléchissaient sérieusement à la scène, l'avant-garde parisienne des années 1950 avait pulvérisé le moule et rendu impossible tout retour aux modèles anciens, furent-ils les meilleurs. Elle avait en outre révélé un problème inédit.

Dans sa brillante définition des avant-gardes, Eugène Ionesco a prévenu que dès que l'une d'elles rencontre suffisamment de succès pour se muer en un nouvel establishment, elle engendre nécessairement sa propre réaction et l'apparition d'une nouvelle avant-garde cherchant à la détruire et à la supplanter. Pourtant, après quelque quinze ou vingt ans de triomphe incontesté, l'avant-garde de l'absurde a dû céder la place non à une nouvelle écriture, mais, en France du moins, à l'ère du metteur en scène.

D. G. — Vous avez dit un jour : « Après Ionesco, écrire comme avant était difficile, après Beckett, impossible. » Que vouliez-vous dire ?

T. B. — Les grandes figures, Beckett, Ionesco, Jean Genet, sont restées ; d'autres se sont éteintes ou ont disparu. Certains dramaturges importants, comme Fernando Arrabal ou Michel Vinaver, ont continué jusqu'à aujourd'hui à créer des œuvres apparentées à l'absurde, mais extrêmement singulières. Aucun groupe puissant n'est venu prendre les rênes. Quelques splendides écrivains se sont certes tournés vers la scène, mais à aucun moment ils n'ont formé un quelconque mouvement d'avant-garde. Parmi les meilleurs d'entre eux, en France, on pourrait citer Sarraute, Duras, Copi et Cixous, mais aussi Valère Novarina, Xavier Durringer, Bernard-Marie Koltès, Philippe Minyana, Yasmina Reza.

Le seul «mouvement» qu'on pourrait évoquer serait la brève période de succès, au cours des années 1970 et 1980, du théâtre du quotidien. Ce mouvement a été porté par plusieurs auteurs français, qui ont recentré l'attention, ne serait-ce que pour un temps, sur le texte et, par contre-coup, sur la primauté de l'auteur. Ils traitaient des choses de la vie quotidienne, surtout des petites gens, invisibles, inaudibles, impliquant ainsi une critique sociale évitant tout didactisme brechtien. Le théâtre du quotidien a surtout été le premier mouvement important de la scène française depuis 1900 à s'inscrire en faux contre les assauts quasi continus contre le réalisme, ce qu'un critique a appelé «la sortie du naturalisme». Si ce nouveau mouvement, à la fin du siècle, n'en est pas revenu aux formes franchement démodées du XIXe siècle, il n'a pas pour autant indiqué de nouvelle direction expérimentale ni annoncé une quelconque avant-garde.

D. G. — Quel rôle la politique a-t-elle joué dans tout cela?

T. B. — On peut douter qu'à la fin du XXᵉ siècle une avant-garde théâtrale ait pu encore émerger en France. De nombreuses raisons s'y opposaient. Curieusement, l'une d'elles tenait à la nomination de Jack Lang à la tête du ministère de la Culture, en 1981. Lang était un passionné de longue date de l'avant-garde dans toutes ses dimensions, notamment théâtrales. Il avait notamment créé, au début des années 1960, le séminal Festival mondial de théâtre de Nancy. Lang avait obtenu de François Mitterrand l'engagement de consacrer à son ministère le chiffre record d'un pour cent du budget national. La culture et les arts ne s'étaient jamais aussi bien portés!

Lang a fortement œuvré pour qu'un nombre croissant de théâtres soient subventionnés par l'État à Paris et a énormément accéléré le processus de décentralisation qui a conduit d'importantes compagnies théâtrales à s'installer en province. Leur taille allait de la modeste troupe à la Comédie-Française. Pour les diriger, le ministère de la Culture sélectionnait des metteurs en scène talentueux et innovants, tels Antoine Vitez, Patrice Chéreau, Jean-Pierre Vincent, Jean Jourdheuil, Jacques Lassalle, Marcel Maréchal, Bernard Sobel, Joël Jouanneau, Georges Lavaudant…

Ces nouveaux venus ont insufflé une nouvelle énergie aux théâtres français, aux côtés d'anciens dont la réputation n'était plus à faire, tels Roger Planchon, Jean-Louis Barrault, Peter Brook, Ariane Mnouchkine, etc. Mais le fait d'institutionnaliser des créateurs novateurs n'entraînait pas nécessairement l'apparition d'institutions innovantes, si tant est qu'il puisse exister de telles entités. Entre-temps, d'importantes influences étrangères avaient joué un rôle majeur dans l'introduction d'une théâtralité fascinante sur les scènes françaises, presque toujours au détriment du texte. Après l'extraordinaire impact initial du Living Theater de Jerzy Grotowski et Julian Beck, le public français a été grandement impressionné par les images scéniques de Tadeusz Kantor et Bob Wilson. Le plus souvent, ces spectacles scéniques comportaient peu ou pas de texte et pas non plus de véritables auteurs. À son meilleur, entre les mains de Wilson ou de Kantor, l'impact visuel de certaines représentations était non seulement stupéfiant, mais aussi d'une efficacité redoutable sur le plan dramatique.

D. G. — Peut-on parler d'une spécificité du théâtre français pour chacune des périodes que vous avez évoquées ?

T. B. — Les metteurs en scène ne possèdent pas tous d'aussi puissants imaginaires ni de telles capacités d'expression. Dans l'ensemble, ceux des théâtres français des années 1980 ont suivi des parcours analogues, préférant les classiques aux contemporains, les œuvres peu connues d'auteurs célèbres plutôt que les plus connues et les adaptations scéniques de pièces existantes. À une échelle sans cesse croissante, le théâtre perdait un peu partout dans le monde une de ses composantes essentielles : le texte, la pièce. Les metteurs en scène ont eu tendance à compenser cette perte en lui substituant d'autres activités scéniques : danse, pantomime, mouvements de toutes sortes, organisés ou non, significatifs ou non. Sans surprise, cet état de fait a conduit à une écriture scénique toujours plus dénuée de vie.

Si la place de l'auteur n'a jamais retrouvé son ancienne primauté, elle s'est un peu rétablie ces dernières années. Les metteurs en scène français ont cherché une répartition peut-être plus équitable entre les différentes composantes de l'œuvre scénique, y compris textuelles. Mais même ce modeste retour au rôle de l'auteur n'a pas été nécessairement porté par une avant-garde revivifiée. Tout dépendait du type d'écriture, du type de texte et, par suite, du type de théâtralité. Un Pirandello, un Genet, un Beckett exprimaient tous une radicalité théâtrale, invitant à des mises en scène innovantes requises par l'œuvre écrite, inscrites en elle. On peinerait aujourd'hui à trouver une telle urgence expérimentale.

Pendant les dernières années du siècle dernier et les premières du nouveau, des dramaturges et metteurs en scène français ont été attirés par le contenu politique et social des œuvres, celui-ci pouvant aller des problèmes intérieurs d'immigration et d'intégration aux préoccupations mondiales sur le sida, le terrorisme ou la suprématie militaire américaine. Il n'y a aucune raison de penser que ces questions ne puissent s'exprimer sous des formes théâtrales expérimentales. Dans les années 1960 et 1970, la puissance créatrice du Living Theater, de Richard Schechner, de Jean-Louis Barrault (notamment dans *Rabelais*), pour ne citer qu'eux, montre qu'un contenu politique et la forme expérimentale dans laquelle il s'exprime ne constituent en aucune matière une contradiction interne et peuvent produire des œuvres d'avant-garde particulièrement vivantes. Aujourd'hui, les plus stimulantes d'entre elles sont sans doute celles du Théâtre du Soleil, d'Ariane Mnouchkine, dont pourtant les mises en scène les plus originales ne sont plus même considérées d'«avant-garde». Elles incarnent pourtant le meilleur et le plus inventif du théâtre français contemporain et sont saluées comme telles dans le monde entier. Le Théâtre du Soleil a, parmi d'autres, parcouru un long chemin qui lui permet désormais de s'adresser à des publics de masse tout en étant pleinement compris, malgré son recours à des formes théâtrales étonnamment antiréalistes. Mais si l'avant-garde consiste, comme l'a très justement fait remarquer Ionesco, en une attaque frontale contre ce qui nourrit le projet de la détruire et de la remplacer par une nouvelle vision radicale, même le Théâtre du Soleil ne peut être considéré comme avant-gardiste au XXIe siècle.

D. G. — Pensez-vous que le retour d'une avant-garde dans le théâtre français contemporain soit seulement possible ?

T. B. — La question a surgi en 2005 au festival d'Avignon, dont les codirecteurs, Hortense Archambault et Vincent

Baudriller, avaient choisi pour « artiste associé » le créateur multimédia Jan Fabre. Résultat, ils ont réussi à s'aliéner le public par une programmation controversée, vulgaire et ultra-violente, cherchant avant tout à choquer, ce qui, en 2005, était tout sauf une nouveauté, et qui plus est ratée. Après tout ce que nous avons vu, la nudité, l'inceste, le meurtre, le viol, le cannibalisme, que reste-t-il pour espérer choquer un public, quelles horreurs lui montrer qu'il n'ait vu quotidiennement au journal télévisé du soir ? Fabre pensait que le fait d'uriner sur scène, par exemple, apporterait la solution. La pauvreté intellectuelle et esthétique de cette stratégie a apparemment échappé aux responsables du festival, qui prétendaient vouloir remettre en question les limites du théâtre, mais pas au public, qui s'est montré moins choqué qu'irrité et ennuyé. Le théâtre se trouvait ailleurs.

Un des signes encourageants du rétablissement espéré de la scène théâtrale tient à ce refus nouveau du public et de la critique de tout avaler et endurer. Les habits de l'empereur attiraient et fascinaient, mais leur éclat s'est peut-être estompé. Il y a quelques années, Jason Zinoman, critique dramatique du *New York Times*, a écrit sur la splendide pièce de Peter Handke, vieille de quarante ans (et donc plus avant-gardiste, mais peut-être toujours splendide), *Outrage au public*. En parlant des acteurs, Zinoman écrit : « J'ai eu beau essayer de me mettre dans l'esprit extrémiste de ces beaux jeunes gens, rien n'a pu m'offenser. Ce n'est pas leur faute. C'est l'époque qui a changé… »

D. G. — Que pensez-vous du legs potentiel d'une avant-garde?

T. B. — En fait, le problème vient de ce qu'il est impossible de faire revivre une avant-garde. L'idée même est antinomique. Au début de 2008, une intéressante conférence organisée à Paris a examiné les grandes avant-gardes théâtrales qui ont succédé au théâtre de l'absurde, à savoir la scène expérimentale new-yorkaise des années 1960 et 1970, qui s'est elle-même nourrie de grandes figures séminales non américaines telles que Grotowski, Brook, Kantor, Ronconi, Serban, etc. L'avant-garde new-yorkaise a été saluée dans le monde entier et a influencé les mondes du théâtre et de la performance, comme on a fini par appeler un tout nouveau domaine artistique, dans de nombreux pays, notamment en France. Beaucoup d'entre elles reléguaient le texte au second plan : le Living Theater, l'Ontological-Hysteric Theatre de Richard Foreman, le Performance Group de Richard Schechner et le Wooster Group qui en est issu, et, bien sûr, Bob Wilson, pour ne citer que les plus célèbres. D'autres collectifs, groupes ou metteurs en scène non moins inventifs ont conservé des liens plus importants, quoique encore modestes, avec le texte, tels l'Open Theater de Joseph Chaikin, les Mabou Mines, Spalding Gray, le Bread and Puppet Theater de Peter Schumann, etc. On pourrait aussi mentionner, en dehors de New York, l'inventif El Teatro Campesino de Californie et la San Francisco Mime Troup.

Ces diverses productions théâtrales ont non seulement émerveillé la scène artiste new-yorkaise, mais laissé des traces impérissables dans tous les pays d'Europe où elles ont été montées (France, Allemagne, Hollande, Belgique, Autriche, Scandinavie, Italie et, dans une moindre mesure, Grande-Bretagne, Espagne, Pologne). Le Living Theater, la troupe la plus engagée politiquement, a connu son apogée dans les années 1960 et son point culminant à Avignon, en 1968, où ses représentations d'agit-prop explosives (ou étaient-ce des « happenings » ?) ont probablement davantage heurté leur hôte Jean Vilar que l'« establishment », pourtant leur cible déclarée. Artistiquement parlant, elles incarnaient néanmoins l'esprit de l'avant-garde. Les tentatives pour faire renaître ces productions vingt ou trente ans plus tard, voire plus, étaient nécessairement vouées à l'échec : il est impossible de ressusciter une avant-garde. Dans ses premières créations expérimentales, telles *Le Regard du sourd*, Bob Wilson avait introduit un « vocabulaire » théâtral entièrement nouveau : étonnamment visuel, pratiquement sans paroles et comme au ralenti. Trente ans plus tard, elles restent somptueusement virtuoses et font toujours partie de ce qu'il y a de meilleur dans le théâtre d'establishment. C'est merveilleux, admiré, mais (littéralement) *déjà vu*. Rien de nouveau sous la lune.

D. G. — Quelles conclusions en tirez-vous ?

T. B. — Alors quoi ? Alors rien, juste une façon de rappeler qu'il est dans la nature d'une avant-garde de ne jamais se maintenir. Lors de la conférence de Paris que j'ai déjà mentionnée, Schechner, qui était à la tête du Performance Group et faisait figure de gourou de la scène new-yorkaise, a reconnu que l'avant-garde américaine n'était plus en « avant », mais était devenue une tradition. À son apogée, a-t-il ajouté, elle était riche en innovations et pauvre en excellence (un point discutable). Aujourd'hui, assimilée comme elle l'est, elle serait devenue riche en excellence et pauvre en innovations. À ses yeux, une plage de vingt à vingt-cinq ans serait la durée de vie moyenne d'une avant-garde. Cela semble une estimation raisonnable.

Le fiasco du festival d'Avignon 2005 a peut-être marqué l'apogée du théâtre sans texte. Pour autant, même si l'on peut prédire un retour en grâce progressif du texte dramatique, un tel mouvement de balancier n'annoncerait pas forcément la naissance d'une avant-garde. Il est même peu probable que cela se produise. Les années du théâtre révolutionnaire de l'absurde puis celles de l'innovation scénique ont secoué l'establishment, comme les avant-gardes sont censées le faire. Si l'une d'elles rencontre le succès (c'était le cas), elle est absorbée, comme je l'ai indiqué, par les formes dominantes, ce qui entraîne l'apparition de nouveaux modèles de théâtre établi. Une fois que ce nouvel establishment devient, selon les mots de Ionesco, une « tyrannie », il est anéanti par une autre avant-garde. Le théâtre français n'en est pas encore là. Il est impossible d'imaginer à quoi pourrait ressembler une telle avant-garde, sinon elle existerait déjà, ce qui n'est pas le cas.

Ce qui semble faire le plus défaut, ce sont les dramaturges, j'entends des écrivains capables de présenter et mettre en scène des textes à la fois marquants et porteurs d'innovations scéniques. Les auteurs dramatiques français semblent avoir abandonné la scène pour la télévision en ce moment et être remplacés par les metteurs en scène. Ces derniers sont devenus les nouveaux dramaturges, si bien que de nombreuses productions sont présentées non *par* un auteur, mais *d'après* un auteur. Mais ce qui se passe lorsqu'un texte est adapté ou retravaillé n'est pas l'œuvre du dramaturge : c'est celle du *metteur en scène*, dont le nom remplace souvent celui de l'auteur original. Ce phénomène, si courant en France et en Allemagne à l'heure actuelle, ne se rencontre ni aux États-Unis ni en Angleterre. Il faudra attendre de voir quel système générera le prochain grand mouvement d'avant-garde.

D. G. — Existe-t-il un parallèle historique que l'on pourrait établir ici ?

T. B. — Une situation similaire s'est rencontrée dans les années 1930. Des figures telles que Lugné-Poë, Copeau, Dullin, le jeune Cocteau, les surréalistes, Gaston Baty ou Georges Pitoëff ont mené plusieurs décennies de pilonnage radical du réalisme institutionnalisé d'Antoine, après quoi une période d'assimilation s'est installée avec Giraudoux, Montherlant, Anouilh et Sartre. En 1933, qui aurait pu imaginer en regardant l'*Intermezzo* de Giraudoux, que, vingt ans plus tard, deux clochards se débattraient dans des silences interminables « en attendant Godot » ou que des Martin et des Smith – pseudocouples anglais sans relief et interchangeables – se hurleraient des phrases, des mots et des syllabes tandis qu'aucune cantatrice, chauve ou non, ne ferait son apparition ? Beckett, Ionesco, Genet et tous les autres ont dû écrire, créer, avant que leurs attaques contre l'establishment théâtral français puissent être seulement perçues. Seulement alors leur avant-garde a pu être nommée et analysée.

Il serait inimaginable qu'une nouvelle avant-garde ne se constitue pas à terme contre l'establishment théâtral actuel, non seulement en France, mais aux États-Unis ou ailleurs. Quant à ce qu'elle sera et si elle aura du succès, à l'image du théâtre de l'absurde, ou non, sans traces fortes à long terme, comme ce fut le cas du théâtre expressionniste français des années 1920, restent des questions ouvertes. Il faudra être patient pour le découvrir. Les troupes de théâtre expérimental travaillent actuellement sur la technologie, les effets visuels, l'attention au corps, toujours en l'absence de texte. Certaines des productions actuelles ne manquent pas d'intérêt, comme celles du metteur en scène Ivo van Hove ou du collectif tg Stan, tous deux belges travaillant en flamand, ou celles de Romeo Castellucci, en italien, même si, dans les deux cas, la langue est strictement accessoire et, surtout, quasiment inaudible et incompréhensible.

D'une manière ou d'une autre, on ne détecte pas de réelles nouveautés, d'innovations vraiment radicales, de coups au plexus qui obligeraient à tendre l'oreille, de bon ou de mauvais gré, et à s'écrier : waouh ! Mais elles viendront, tôt ou tard. Ce jour-là, il est probable qu'elles proviendront de sources inattendues et prendront des directions imprévues. Il y a toutefois fort à parier qu'elles ne répéteront pas le passé et qu'elles ne ressembleront pas à de vieilles avant-gardes.

D. G. — Pouvez-vous relier cela à d'autres formes d'art ?

T. B. — Pour ce qui concerne la littérature, le Nouveau Roman a été le dernier véritable mouvement d'avant-garde réussi en France. Depuis lors, des auteurs individuels ont parfois réussi à développer des formes expérimentales, mais en l'absence de tout mouvement. Entre-temps, le seul mouvement littéraire important à s'être fait remarquer depuis le Nouveau Roman a été l'autofiction, qui n'est pas à proprement parler un mouvement expérimental, même s'il compte de nombreux auteurs de premier plan, tels Doubrovsky, Camille Laurens, Philippe Forest, Catherine Cusset et plusieurs autres.

Le monde de l'art est un peu à part. Là, la perspective a entièrement changé et ne ressemble plus au schéma « traditionnel » d'une innovation suivie d'une assimilation. Aujourd'hui, le marché a pris le dessus et l'impérieux besoin de « vendre » un artiste a créé une avant-garde permanente, liée principalement à ce que les collectionneurs sont prêts à débourser et à ce que les ventes aux enchères peuvent rapporter. Cela a placé le monde de l'art dans une sorte de bulle, un espace certainement bénéfique aux artistes qui surfent sur la crête de la vague, mais sans aucune garantie quant à la qualité inhérente des «nouveaux» artistes et de leurs œuvres et à leur apport réel. Les liens naguère si fructueux entre le théâtre et la littérature, d'un côté, et le monde de l'art, de l'autre, semblent s'être en outre distendus au cours des premières années du XXIᵉ siècle.

3

PARCOURS

D. G. — Vos affinités avec les avant-gardes ont commencé très tôt. En 1956, quand vous avez commencé à enseigner à NYU, vous partagiez le bureau de John Ashbery. N'était-ce pas un beau début de parcours avec les avant-gardes?

T. B. — Quand j'ai soutenu ma thèse en Californie, à Berkeley, j'ai été invité à enseigner à Harvard, mais cela ne me disait rien du tout, car le département était très compliqué. Je suis donc allé à NYU, où j'avais par ailleurs étudié comme *undergraduate*. J'ai fait la rencontre d'Ashbery, mais je me demande si Ashbery n'aurait pas pu dire : « Vous avez fait la rencontre de Bishop. » Ashbery n'était pas du tout célèbre, il n'était rien, comme moi qui n'étais rien non plus.

Le partage de bureau a été fait par l'université : on nous a mis tous les deux ensemble, voilà tout. « Votre bureau est ici, et le vôtre là. » Et pendant un an on a bavardé ensemble. C'était mon collègue. Et moi j'étais son collègue. Ce n'était pas un projet, ni de ma part ni de la sienne, ni celle de l'université. Nous avons gardé des liens : il est venu parler chez nous de Beckett, et puis il a donné cette préface à notre livre…

D. G. — Il me semble que vous avez commencé à activement fréquenter les avant-gardes de l'époque, dès le début des années 1960 : quand avez-vous rencontré Beckett, dont vous avez été très proche ?

T. B. — J'ai rencontré Beckett au début des années 1960. Je lisais Beckett, et j'étais très attiré par son écriture, qui me parlait à tous les points de vue. Je n'ai guère besoin de vous dire pourquoi : cette écriture était bouleversante et j'étais bouleversé, elle disait et refusait de dire en même temps.

Je l'ai rencontré à Paris, je suis allé le voir à Paris, à travers mon ami Alain Bosquet, qui m'a d'ailleurs aussi présenté Ionesco. Je lui suis très reconnaissant de m'avoir ouvert la porte Beckett qui n'était pas facile : Beckett n'était pas quelqu'un de sociable, il fallait cheminer pour le trouver.

Il était entré dans mon champ d'action. C'était déjà un grand nom, mais un grand nom abordable. Je l'ai abordé, et il s'est laissé aborder. Nous nous sommes retrouvés à la Closerie des Lilas, puis sommes allés à la Coupole. Il n'était pas très disert, je n'osais pas vraiment parler non plus. Commençait une relation qui a pris du temps, des décennies, mais j'ai beaucoup écrit sur lui, j'ai dirigé le « Cahier de l'Herne » qui lui était consacré, organisé des colloques… J'étais très heureux de le faire, et, autant que possible, de le faire bien.

Cela m'a permis de rencontrer un homme avec qui j'ai trouvé des points communs formidables…

D. G. — Lesquels ?

T. B. — Ha ! Vais-je pouvoir vous répondre ? C'est difficile. Dans les rencontres que nous avons eues – lentement au début et de plus en plus, notre rapport est devenu un rapport d'intelligence et d'amitié. Nous nous comprenions. Cela m'a permis aussi de faire un travail sur Beckett, sur l'œuvre de Beckett, ce que je ne me serais jamais permis de faire si je ne l'avais pas connu. Je me suis permis de le faire parce que l'œuvre de Beckett m'était devenue familière, et j'ai pu parler de cette œuvre par écrit ou par la parole, avec assez de justesse, grâce à mes échanges avec lui.

D. G. — Lui envoyiez-vous les travaux que vous prépariez pour qu'il les relise, qu'il donne son avis ?

T. B. — En partie seulement. Je les gardais aussi pour les lui montrer quand on se voyait. On se voyait relativement souvent, comme je venais souvent à Paris. Il était toujours disponible pour me voir. Il s'est donc créé une sorte de rapport amical qui est devenu une amitié.

D. G. — Quel était sa relation avec New York ?

T. B. — On parlait évidemment de New York, mais il n'aimait pas trop y venir. La réception de Beckett à New York n'était pas la même que pour bien d'autres auteurs. Il a été connu aux États-Unis dès 1945. Il n'y avait donc pas à le faire découvrir aux Américains.

On pourrait dire que Beckett est venu à New York une fois, mais tout en n'y venant pas : il lui a tourné le dos. C'était au moment de la création de *Play*. Il n'avait pas du tout aimé.

Beckett était un homme discret, pudique, mais aussi très ouvert. On pouvait *lui* parler de *lui*, ça ne le gênait pas. Pour ma part, j'étais très désireux de comparer mes impressions à l'idée qu'il avait de sa propre œuvre. Vous savez, j'ai beaucoup écrit sur lui.

D. G. — Étiez-vous désireux de recueillir ses paroles ?

T. B. — De parler avec lui, oui, mais je n'ai pas fait de grands efforts pour conserver ses paroles, comme vous semblez le faire maintenant avec moi. Nous parlions, voilà tout. Beckett évoquait volontiers des mises en scène ou des pièces qu'il réalisait et adaptait pour la radio ou la télévision. On ne le mentionne pas souvent, mais il a très tôt pris part à ce qui constituait alors de nouvelles manières de créer.

D. G. — Quand vous parliez avec lui, était-ce pour conforter vos impressions, votre travail, vos analyses ?

T. B. — J'ai tenu compte, dans mes travaux, de ce qui s'était dit entre nous et je dis bien *entre* nous : ce n'était pas seulement ce que Beckett a dit, mais ce que moi j'ai dit aussi. Nous échangions. Et puis ce qui s'est dit *autour* de nous, avec tous les colloques que nous organisions, et qui ont été parmi les premières étapes de la recherche sur Beckett. En 1981, pour son soixante-quinzième anniversaire, j'ai organisé une grande célébration, avec des conférences, des lectures, des représentations, des projections. Il m'avait donné son accord, et cela s'est fait. Deux mois de manifestations. Je crois qu'il en était assez content.

D. G. — Vous avez même appelé votre chien Beckett…

T. B. — Oui, et le précédent Godot. D'ailleurs, Beckett – le chien – a une fois mordu Ionesco – l'écrivain.

D. G. — Alain Bosquet vous a aussi présenté Ionesco ?

T. B. — Oui, je l'ai rencontré au début des années 1960. Pour moi, c'était un héritier de Pirandello, sur qui j'avais fait ma thèse. Il était très agréable d'accès, et je me souviens de bien des conversations avec lui. Nous nous sommes retrouvés pendant des années à New York et à Paris, discutant de l'actualité théâtrale. Je l'ai souvent invité à NYU pour faire des conférences et des lectures. *Rhinocéros* avait eu beaucoup de succès à Broadway : la pièce était sortie des scènes expérimentales – off-Broadway – et avait touché un large public. Il était très connu et avait eu beaucoup de presse. En même temps, il ne cédait rien. Ses réflexions sur le théâtre et sur l'art en général ont beaucoup nourri ma propre réflexion.

D. G. — Est-ce dans les années 1960 que vous avez commencé à inviter des penseurs et des écrivains à NYU?

T. B. — Oui, j'invitais les gens qui incarnaient une forme de modernité et qui m'intéressaient. Je ne les invitais pas parce qu'ils incarnaient une forme de modernité, comme s'il s'agissait d'un programme, mais parce qu'ils étaient modernes. Prenons le cas de Robbe-Grillet. Pendant trente ans, il est venu chez nous, à NYU. Au long de ces années, il a pu présenter aux étudiants son regard sur son œuvre. Il avait, vous le savez, arrêté d'écrire, du moins officiellement. Combien de dîners ensemble au BBar, à côté de la Bowery?

D. G. — En 1982, vous avez organisé le colloque «Le Nouveau Roman, trente ans après». Étiez-vous conscient d'être un des tout premiers à inscrire le mouvement dans une sorte d'histoire littéraire?

T. B. — Oui. J'ai invité Robbe-Grillet, qui enseignait chez nous, Sarraute, Pinget et Simon à dialoguer avec des universitaires américains et français. Tous ces auteurs étaient encore actifs, mais on se rendait bien compte que le mouvement appartenait désormais à l'histoire et que les questions que s'était posées le Nouveau Roman étaient en fait celles de toute la littérature de l'époque, peut-être même celles de l'ensemble du XXe siècle.

D. G. — Avez-vous dû faire des choix, par exemple Robbe-Grillet plus que Michel Butor ?

T. B. — Il y avait chez Robbe-Grillet une précision, une concision, une rigueur que je ne trouvais pas nécessairement chez Butor. Mais Butor m'intéressait beaucoup aussi. Je ne sais plus combien de fois il est venu à New York, mais il est venu souvent chez nous.

Robbe-Grillet était le grand auteur du Nouveau Roman. Mais, bon, il n'était pas le seul.

D. G. — Il y avait aussi Sarraute.

T. B. — Pour moi, Sarraute, était immense. Je ne me suis pas trompé sur elle. Jérôme Lindon lui aussi a joué un rôle important dans cette aventure du Nouveau Roman.

Ce qui comptait à mes yeux, ce n'était pas seulement les gens importants « en soi », en quelque sorte, mais aussi ceux qui venaient, qui avaient le désir de venir à New York. Et, de fait, Sarraute n'est pas venue souvent. Je l'avais connue avant qu'elle rejoigne le mouvement. Elle m'intéressait déjà beaucoup. J'ai entretenu avec elle des rapports d'amitié. Ma femme et moi sommes allés la voir souvent dans sa campagne de Chérence, dans le Val-d'Oise. Il s'était créé entre nous quelque chose de vrai, mais pas dans le sens où ce que j'ai pu écrire sur elle aurait reçu l'*imprimatur* de la vérité. Simplement, nous avons partagé des expériences. Sarraute traînait derrière elle une vie d'écrivain très importante, et elle aimait en parler : ce qu'elle faisait, pourquoi elle le faisait et comment. Elle considérait son travail comme quelque chose d'ouvert. Et j'en ai, j'allais dire, profité, mais l'anglais *I made the most of it* serait plus exact.

Je n'étais évidemment pas le seul avec qui elle parlait. Il y avait d'autres Américains, des Anglais aussi, mais pas beaucoup de Français. Elle était très contente de parler avec moi et quinze ou vingt autres personnes de son œuvre, de ce qu'elle recherchait dans son écriture. Cela s'est traduit dans des discussions, mais aussi, je crois, dans des écrits de sa part. C'était assez formidable.

D. G. — Diriez-vous que vous étiez dès cette époque une sorte de spécialiste de littérature contemporaine ?

T. B. — Oui, absolument.

D. G. — N'était-ce pas assez rare, à l'époque, qu'un universitaire travaille sur la littérature contemporaine ?

T. B. — Moins en Amérique. En France, c'est vrai, en effet, on n'écrivait pas tellement, du moins à l'université, sur la littérature contemporaine, sur ce qui se faisait. Il fallait attendre que les gens meurent. C'était la fameuse différence entre la « critique » et la « recherche ». Aux États-Unis, cette division n'avait pas la même portée.

D. G. — Le monde littéraire de New-York, où vous vivez, et celui de Paris étaient-ils à l'époque séparés ou bien existait-il des passerelles, à part vous bien entendu ?

T. B. — Il y avait certainement des liens. Jusqu'aux années 1980-1990, la culture et la littérature françaises étaient tellement brillantes, passant du théâtre à la philosophie, à un moment avec Sartre, Beckett, à un autre Ionesco, etc. Il y avait aussi le fait que certains auteurs, pourtant très intéressants, n'avaient pas connu aux États-Unis la carrière espérée, comme Pinget, par exemple, alors que les spécialistes appréciaient énormément son œuvre. Je l'ai invité ici, mais cela n'a pas très bien pris.

Ç'a été été aussi le cas de Philippe Sollers, par exemple. Au début des années 1980, il était au sommet de sa gloire parisienne, et nous l'avons donc invité ici, mais ça n'a pas du tout marché. J'avais aimé le premier Sollers, son épaisseur, l'originalité de son regard. Même ses recherches formelles, comme *Paradis*, m'avaient intéressé. Mais *Tel Quel* et ses errements, de Blanchot au maoïsme en passant par le structuralisme, ce n'était pas pour moi.

En revanche, Julia Kristeva a rencontré les attentes, les inquiétudes, des étudiants américains avec sa pensée complexe et généreuse.

On me parle souvent de Robbe-Grillet, mais, là encore, ce n'était pas planifié. Il m'a fallu du temps avant de l'inviter. Il fallait que je sois sûr qu'il nous serait utile de l'avoir chez nous pendant une période continue. Je l'ai invité une première fois, il est venu, et il a beaucoup impressionné les étudiants. Alors ça s'est multiplié et finalement installé.

J'avais pu apprécier son travail de théoricien à Cerisy-la-Salle et lors d'autres rencontres du même genre. J'étais très impressionné par sa performance oratoire. Il n'était pas moins théoricien qu'écrivain.

On ne s'en rend pas forcément compte, mais mes seuls atouts étaient de pouvoir offrir un lieu de parole, de payer les voyages et un hôtel, et pas grand-chose d'autre. Pourtant, ça a marché.

D. G. — Selon vous, quelles sont les raisons pour lesquelles ça a marché ?

T. B. — Je crois que les étudiants appréciaient son aisance et son éloquence. Entre ce qu'il écrivait et ce qu'il disait, il n'y avait pas de différence. De plus, ils voyaient bien qu'il travaillait énormément ses cours et qu'ils avaient devant eux un formidable professeur. Avant de l'inviter, je m'étais rendu compte de ce côté travailleur chez lui.

D. G. — Est-ce à ce moment qu'il avait officiellement cessé d'écrire ?

T. B. — Oui, mais il avait aussi ouvert une toute nouvelle voie avec sa pratique de l'autofiction. Cette ouverture a permis à l'écrivain de parler, en créant une sorte de lien entre ce qu'il écrivait et ce qu'il pensait. C'était assez rare, et vraiment très réussi.

Quand j'ai commencé à m'intéresser à Robbe-Grillet, que je l'ai fréquenté, lu, étudié, il avait déjà une écriture théorique, en plus de son écriture créatrice ou créative. Les deux fonctionnaient très bien ensemble, du moins jusqu'à ce qu'il devienne meilleur théoricien que romancier.

Le rapport entre théorie et fiction chez lui m'intéressait énormément. Il ne s'agissait pas de choisir. Les deux se complétaient, créaient une sorte de tension, de convergence et de divergence. Ce n'était pas *que* de la littérature, si vous voulez.

D. G. — Robbe-Grillet s'intéressait aussi beaucoup au cinéma. Vous-même, Tom, vous vous êtes aussi intéressé à d'autres choses qu'à la littérature ou à la philosophie, comme le théâtre ou les arts visuels. Au théâtre, vers quoi allaient vos préférences?

T. B. — J'ai commencé tôt, dans les années 1950. Quand sont arrivées les années 1960, j'étais déjà rodé pour une certaine modernité, qui me permettait d'aimer certaines choses et pas d'autres. J'étais surtout porté sur presque tout ce qui était français. Au travers des années, j'ai développé une grande amitié avec de nombreux metteurs en scène français, de Jean-Louis Barrault à Ariane Mnouchkine en passant par Peter Brook.

Mais j'étais aussi conscient de ce qui se passait à New York, notamment avec Bob Wilson, que j'estimais et aimais beaucoup. Je l'avais connu à une époque où j'avais formé une troupe d'avant-garde. Parmi les invités, il y avait des comédiens et des gens de théâtre que j'avais récoltés surtout à New York, mais aussi un peu ailleurs, et j'ai travaillé avec lui à cette époque. La Maison Française était alors pour moi un endroit de création idéal. C'était une structure très dynamique et qui l'est restée pendant pas mal d'années. Bob avait monté une pièce de théâtre, ou des parties d'une pièce de théâtre, dans un théâtre new-yorkais, et, pour me faire plaisir, il en avait présenté une version à la Maison Française.

D. G. — Qu'admiriez-vous le plus chez lui ?

T. B. — Son langage était totalement différent de tout ce que l'on connaissait. C'était comme de la « littérature parlée », une *parole* qui comptait, dans le corps, que l'on entendait. À cause de ce langage, les comédiens jouaient comme ils ne le faisaient nulle part ailleurs. C'était très spécial, très apprécié, et ça ne ressemblait à rien de ce que l'on connaissait.

D. G. — Vous êtes-vous aussi intéressé à toute la scène de la performance, plus *underground*, de SoHo dans les années 1960 ? Je pense à Joan Jonas, Charlemagne Palestine, Simone Forti, etc.

T. B. — Non, pas systématiquement. J'en ai vues, mais mon monde était davantage celui du théâtre. J'ai beaucoup aimé Tadeusz Kantor. Ses mises en scène étaient très astucieuses, précises. On avait l'impression qu'avec lui le théâtre *vivait*, qu'il était *vivant*.

D. G. — Entre les scènes new-yorkaise et française, laquelle préfériez-vous ?

T. B. — Difficile à dire. J'étais un très grand fan de Jean-Louis Barrault. J'étais allé le voir au Rond-Point, à l'Odéon, à Orsay, là où vous travaillez maintenant. Il a réussi à créer pendant plus de cinquante ans. C'est admirable !

Mais pour vous répondre franchement, personne ne m'obligeait à choisir entre Barrault et Bob Wilson, Grotowski et Vitez ou le Wooster Group et Chéreau.

En vérité, j'ai du mal à vous répondre, car je ne me suis jamais posé la question. Paris ou New York ? J'avais l'avantage de pouvoir jouir des deux. J'essaie de réfléchir à un équivalent possible de New York en France. Le travail d'Arrabal, peut-être, qui m'intéressait beaucoup, mais qui restait du théâtre. J'ai aussi invité énormément de metteurs en scène de théâtre à venir parler et travailler avec nous, à New York. J'ai aussi joué au théâtre Renaud-Barrault *Freshwater*, de Virginia Woolf, avec Sarraute, Robbe-Grillet, Joyce Mansour, Ionesco, Florence Delay… Les auteurs étaient devenus acteurs. On en a beaucoup parlé, et c'est un de mes très beaux souvenirs.

D. G. — Est-il vrai que vous preniez l'avion chaque semaine entre Paris et New York ?

T. B. — Non, quand même pas. Mais c'est vrai que je me rendais souvent à Paris. J'en avais la possibilité, et j'en ai profité. Peut-être cinq ou six fois par an, au moins. D'un côté, Paris m'offrait une ouverture absolument nécessaire, de l'autre j'y étais chez moi. Mais je n'oubliais pas pour autant ce qui se passait à New York. J'ai ainsi invité de nombreux auteurs américains à venir parler de la littérature française. En 1982, nous avons invité Toni Morrison et James Baldwin ensemble à un colloque à Paris. C'était quelque chose de se trouver sur scène à leur côté !

D. G. — Et les arts visuels ? N'étiez-vous pas très ami avec Christo, Arman ?

T. B. — C'est vrai.

D. G. — Quel était votre rapport aux artistes contemporains de l'époque ?

T. B. — Très inégal, et je dirais plutôt retardataire. J'aimais Christo, je dois l'avouer, et Christo était là pour être aimé. Je n'étais pas très original.

J'ai certainement été original dans mes choix d'écrivains, mais pour les artistes, je ne suis pas certain de l'avoir été. À NYU, nous avions le souci de l'art. Nous avons ainsi invité très tôt Harald Szeemann, Pontus Hulten, etc. Mais ce n'était clairement pas notre spécialité.

D. G. — N'avez-vous pas organisé des expositions d'artistes à la Maison française ?

T. B. — J'ai encouragé des expositions par des gens que j'appréciais et qui étaient aussi des amis, tels Paul Jenkins ou Arman. Quand j'ai aimé Arman, que je lui ai fait monter des expositions, il exposait déjà. Il n'y avait rien là d'original ou de nouveau, sauf pour moi !

D. G. — Cela me conduit à une autre question. J'essaie de réfléchir au type de métier que vous avez créé. Vous êtes professeur d'université, vous dirigez un centre de recherche, un centre d'études, mais au fond, ce que vous faites, n'est-ce pas un peu ce qu'on appelle aujourd'hui le *curating*, une sorte de commissariat d'exposition, de programmation, et qui inclut aussi le *fundraising*, un exercice dans lequel vous excellez également ? Selon vous, quel est votre métier ?

T. B. — Si l'on me demandait ce que je fais, je répondrais très simplement : je suis professeur d'université, je donne des cours dans mes domaines. Cela veut dire que je donne des cours non sur Arman, mais sur Beckett, le Nouveau Roman. Les artistes pouvaient trouver leur place parce qu'ils m'intéressaient. Mais j'avais un sujet, d'abord et avant tout, sur lequel j'intervenais, et d'autres qui y étaient attenants.

D. G. — Mais une grande partie de votre œuvre n'est-elle pas aussi constituée par les conférences, les expositions que vous organisiez, tout ce que vous avez développé en matière d'organisation ?

T. B. — Peut-être, mais si vous me demandez, comme vous venez de le faire, comment je me définis, c'est

Robbe-Grillet plus qu'Arman, l'écriture plus que la peinture, ma propre écriture, ma recherche, plus que l'organisation. Cela ne veut pas dire que je n'ai pas pu développer des amitiés dans le monde des affaires, de la vie publique, mais ce n'était pas le cœur de mon métier.

D. G. — Comment voyez-vous le lien entre l'activité de recherche et celle d'organisation, faire cours sur Robbe-Grillet et inviter Robbe-Grillet?

T. B. — Il y avait plusieurs façons d'inviter Robbe-Grillet. Je pouvais lui demander de venir parler de son œuvre ou faire un cours sur lui, parler de lui avec mes étudiants, les faire travailler sur lui et son œuvre. Pour moi, c'était cela mon vrai travail.

D. G. — Le reste, tout ce que vous avez organisé, monté, tout ce pour quoi vous étiez imprésario, n'était donc pas votre vrai travail?

T. B. — En effet, ce n'était pas mon vrai travail.

D. G. — Vraiment?

T. B. — Oui.

D. G. — Même toute cette vie intellectuelle que vous avez créée entre Paris et New York, tout ce pour quoi vous êtes connu?

T. B. — Oui. Même si j'en suis content et fier qu'elle ait pu être importante, ce n'est pas ce qui me tenait. Rien de tout ce que vous évoquez n'occupait le centre de ce que je faisais.

Faire parler Robbe-Grillet n'était pas mon but dans la vie. Et c'est vrai aussi pour toutes les autres personnes que j'ai invitées. Je voulais faire réfléchir, faire vivre la littérature et la philosophie de mon temps. Mais cela devait passer d'abord par ma propre écriture, mon enseignement, ma recherche. J'aimais partager avec les générations d'étudiants qui venaient chez nous pour découvrir quelque chose de nouveau et qui étaient prêts à s'ouvrir à ces nouvelles manières de penser.

D. G. — Et la création de ponts entre Paris et New York ?

T. B. — Ça oui, peut-être, mais c'est assez vague. Encore fallait-il l'intégrer dans la recherche. J'ai eu la chance de vivre à un moment où New York et Paris étaient deux centres, et j'en ai profité. Cela m'a permis d'entreprendre des choses positives, que je n'aurais pas faites avec Montréal ou avec Londres. Il y avait quelque chose de particulier entre Paris et New York, séparées par un océan, mais se regardant l'une l'autre avec fascination. D'où l'expression que j'ai employée de « passeur d'océans ».

D. G. — Des figures comme Susan Sontag et Robert Silvers, vos amis, n'étaient-ils pas elles aussi des ponts, comme vous ?

T. B. — C'était un petit monde, qui se retrouvait. Susan a donné des lectures chez nous, nous étions très proches. Elle a travaillé à partir de Barthes, qui enseignait chez nous. Comme quoi il ne faut pas tout envisager de manière monumentale et difficile. C'était fluide.

Bob était peut-être un des meilleurs ponts entre culture américaine et culture européenne. Je n'étais pas seul. Des ponts existaient, ils étaient forts, puissants. Ils permettaient aux écrivains de profiter de ce qu'ils avaient créé.

Grâce à mon ami Robert Badinter, j'ai organisé des déjeuners de NYU au Sénat. Ils ont été considérés comme des moments d'influence, mais ils me fournissaient surtout l'occasion de rassembler tout ce monde franco-new-yorkais. Nous avons honoré chaque année, à New York et à Paris, une grande figure transatlantique, que ce soit Frederick Wiseman, Jean Nouvel, Isabelle Huppert, Louise Bourgeois... On leur offrait une médaille qui avait été conçue par Paul Jenkins. Cela créait des ponts, naturellement. Lors des déjeuners parisiens, une communauté se rassemblait, des personnes très différentes, issues des mondes de la recherche et de la pensée aussi bien que de la politique, de l'édition, de la diplomatie. Une belle réunion chaque fois.

D. G. — Comment décrieriez-vous le milieu intellectuel new-yorkais des années 1970-1980 ?

T. B. — Assez fragmenté. Je vous parlais du théâtre, vous me parliez de la performance, deux mondes différents. Peut-être à Paris aussi. Mais je crois, enfin, il n'y avait pas *le* monde intellectuel français, ça n'existait pas, il y avait *des* mondes différents, intellectuels et autres. Artistiques, intellectuels, de différentes tendances. À la fois fluide et multiple. Nous avons pu inviter Richard Avedon pour célébrer Roland Barthes...

D. G. — Et quels étaient vos mondes à vous, Tom?

T. B. — Mes mondes étaient tout d'abord le monde universitaire. J'avais créé autour de moi un monde très solide qui était le monde universitaire, avec des recrutements au département, l'enseignement de la littérature, et ça c'était pour moi un travail continu, ce n'était pas fait une fois pour toutes, c'était à refaire, par exemple, à mettre à jour tout le temps, à Paris comme à New York. Richard Sieburth, Eugène Nicole, Denis Hollier, Philippe Roger, ont été des collègues pendant des années. Il faut se rendre compte du nombre et de l'ampleur des recrutements que nous n'avons cessé de faire : professeurs, professeurs invités, conférenciers des *Florence Gould Lectures*... Vous en avez d'ailleurs été un.

Mais je crois pouvoir dire que le monde intellectuel à New York n'écrivait pas de la même manière avant et après le Nouveau Roman. Le Nouveau Roman a beaucoup changé les choses : il y avait déjà eu l'impact d'Ionesco, de Genet, avant eux de Sartre et de Camus, des grands noms, pour certains bien connus ici. Avant qu'on puisse vraiment les quantifier et dire : « Voilà un grand réseau de pensée intellectuelle. » C'était plus ouvert.

D. G. — Je reviens au *curating*. Vous savez, maintenant, c'est une grande tendance que celle du commissariat d'exposition, de monter des programmes, d'aller lever de l'argent, d'avoir ces rapports-là aussi au monde, que les universitaires ont rarement, et n'avaient pas de votre temps.

T. B. — Oui, c'est quelque chose que j'ai fait tout le temps, mais ce n'était pas mon métier. La levée de fonds, par exemple, est arrivée assez tard. Ce n'est pas tout de suite que je me suis mis à lever de l'argent pour mes travaux. Je l'ai fait avec énergie, et j'ai eu la chance de rencontrer des partenaires. Florence Gould m'a initié à l'art du mécénat, elle a été très généreuse, et a beaucoup fait pour NYU. Elle m'a aussi beaucoup appris : les déjeuners annuels de NYU doivent à ceux qu'elle organisait pour nous soutenir. Ils en ont, en quelque sorte, pris la suite. Jean Riboud, le président de Schlumberger, était aussi un grand soutien, et un ami. Nous avons été bien soutenus. Je ne considérais pas que c'était quelque chose de mauvais, cela faisait partie de tout : comme quand on organise une conférence, et qu'on s'assure que tout soit prêt dans la salle. Pourtant, je ne l'ai pas pensé comme une fin, plutôt comme une condition.

D. G. — Dans les années 1970 commence à apparaître – 1960, 1970 – ce qu'on a appelé la *French Theory* : Foucault, Baudrillard, Virilio, Deleuze, Derrida, Cixous… Quel était votre rapport à ce mouvement, enfin si tant est que ç'ait été un mouvement ?

T. B. — C'est un mouvement, très important, qui a été très présent, et a dominé pas mal la discussion théorique et autre pendant ces années-là. On lisait les écrivains, souvent, pour leur contenu théorique, sans prêter grande attention à la théorie. Le théorique l'emportait, sans être pour autant vraiment étudié en tant que tel. C'est peut-être un peu rude, mais je ne sais pas si on connaît vraiment, aujourd'hui, encore, l'œuvre précise de chacun de ces auteurs. Nous avons organisé de nombreux événements autour de la Nouvelle Critique, de la *French Theory*, de la déconstruction : chaque étape fut célébrée à NYU, dès les années 1970 et jusqu'au début des années 2000.

D. G. — Quels sont les auteurs qui vous ont particulièrement intéressé, dans ce groupe ou cette mouvance ?

T. B. — Deleuze m'a beaucoup intéressé, oui. Beaucoup. J'ai bien lu Deleuze. Je l'ai invité, il est venu à New York, oui bien sûr. Tout le monde est venu à New York. J'ai eu des liens particulièrement forts avec Deleuze et avec Derrida. Derrida était un vrai ami, et j'ai eu des rapports amicaux, intellectuels très très forts avec Derrida, qui est venu souvent chez nous. Avec Deleuze moins, mais Deleuze m'intéressait beaucoup aussi. On enseignait Deleuze beaucoup, aussi, et il est venu plusieurs fois.

D. G. — Et Foucault ?

T. B. — Foucault aussi.

D. G. — Vous aimiez Foucault ? Est-ce que ce n'était pas un peu trop « radical » pour vous ?

T. B. — Je crois que Foucault est peut-être quelque chose de trop pour moi, mais je ne pense pas que c'est « radical »… J'ai beaucoup de mal à imaginer que je trie mes auteurs selon ce critère. Vous savez, j'ai connu Genet, qui m'a longuement entretenu des Black Panthers, dont il était un grand défenseur, avant d'en revenir. En matière de radicalité, Genet dépassait Foucault de loin. Il est même venu faire une conférence chez nous sur la révolution, accompagné de militants des Black Panthers. Alors, vous voyez, la radicalité…

D. G. — Alors, il est trop *quoi*, Foucault, pour vous, Tom ?

T. B. — Il est très intense, n'est-ce pas… Chaque fois qu'on le lit, on peut imaginer Foucault se penchant sur son œuvre et en garder tout simplement son regard – intellectuel, bien sûr – penché sur son œuvre, avec un regard critique, intense. Je sais qu'il a une descendance féconde, mais pour moi, dès qu'on a repéré ce « truc », cela devient un peu stérile. Foucault se regarde à être Foucault. Il se prend pour une sorte de gourou, intervenant là où il ne devrait pas intervenir, faisant tellement d'erreurs. J'ai aimé ses grands livres, comme l'*Histoire de la sexualité* ou *Les Mots et les Choses,* et apprécié sa volonté de partager avec les étudiants, mais son tempérament n'était pas pour moi. Il nuisait à toute sa méthode.

Ce n'est pas du tout le cas de Derrida. Il approche le texte, la lecture, l'interprétation. Il ne refuse pas le fait d'être personnel, mais en même temps il est beaucoup plus clair. Hélène Cixous aussi, je la lis avec beaucoup d'intérêt. Elle continue à me passionner. Je pense qu'elle a trouvé une bonne voie d'ouverture du texte sur le texte, sur son texte, je trouve. Hélène mérite qu'on se donne du mal à l'aborder, à la comprendre, à la lire, oui, avec beaucoup d'intérêt, et avec une ouverture d'esprit du lecteur.

D. G. — Une autre question que je voulais vous poser, Tom, c'est le rapport à la politique française. Comment cela a-t-il commencé ?

T. B. — À la Maison Française, j'ai très tôt invité les figures politiques du moment. Pinay fut parmi les premiers. Mais je pense que cela a vraiment commencé avec Pierre Mendès France. Je l'ai invité à faire une conférence à la Maison Française. Son intégrité – comme celle de Robert Badinter, du reste nous nous sommes une fois vus ensemble – était admirable. Sa conférence sur la démocratie moderne fit grande impression. La salle était comble, et ce fut un très grand succès. J'ai ensuite organisé un dîner en son honneur chez moi. J'étais très ému…

D. G. — Vous avez aussi invité Raymond Barre, alors Premier ministre, à donner la conférence d'ouverture de l'Institut d'études françaises, et vous êtes encore aujourd'hui proche de Marie-France Garaud. Parmi d'autres… Mais on disait dans les années Mitterrand que vous étiez l'un des plus proches du monde de François Mitterrand, en tout cas à New York, Jack Lang était un grand ami, François Mitterrand était un de vos amis aussi, mais moins proche. Pierre Bergé, lui aussi très proche du pouvoir socialiste, qui est resté aussi un de vos grands amis tout du long… Robert Badinter, aussi, dont vous êtes resté très proche. Quel était votre rapport, à ce moment-là, au pouvoir?

T. B. — Le pouvoir à l'époque est devenu finalement socialiste. C'était un grand moment politique. Je crois que le gouvernement français était le premier à devenir vraiment franchement socialiste. Je ne vois pas d'autre qui était ouvertement socialiste. J'ai eu un rapport de proximité avec le gouvernement français que maintenant j'estime moins positif que je ne croyais. Le rapport de proximité n'existait pas autant que je le croyais. Ce qui liait les uns aux autres n'était pas proprement *politique*.

J'ai parlé avec Edgar Faure, que je connaissais assez bien, et François Mitterrand est venu pour ouvrir les célébrations du bicentenaire de la Révolution française. C'était pour moi un grand moment d'avoir invité Mitterrand chez nous et de le recevoir chez nous. Louis Malle a fait une lecture, François Mitterrand a fait un grand discours, et il a reçu un doctorat. Il a dit de belles choses sur nous… Mais je reconnais que c'était moins brillant que je ne pensais à l'époque.

Il y a eu beaucoup, beaucoup d'interactions politiques dont certaines intéressantes, c'est-à-dire tout ce que j'ai fait de politique avec Mitterrand et avec Jack Lang, par exemple. J'ai invité les uns et les autres pour parler, pour prendre la parole. Je leur ai ouvert, et je *nous* ai ouvert une tribune aussi. En ouvrant la tribune à Lang, par exemple, j'ai ouvert cette tribune à Lang *chez nous*, ce n'était pas n'importe où, et nous étions, dans les années 1980 et 1990, le lieu où les hommes politiques français voulaient être entendus à New York. Et New York, alors, c'était l'Amérique. Ce n'était donc pas rien... il faut aussi dire que nous avions, du côté américain, des rapports avec des personnes politiques qui aimaient la France. Nous avons ainsi honoré plusieurs sénateurs...

D. G. — Certains, comme Robert Badinter, sont restés des amis proches.

T. B. — Robert et Élisabeth sont des amis de longue date. La pensée d'Élisabeth a un très grand impact dans le monde, ce qui n'est pas évident pour un travail aussi complexe. Robert est un grand ami : j'admire beaucoup sa force de caractère et son sens du bien public ; ce qu'il a fait pour l'abolition de la peine de mort est historique. Mais c'est aussi un très fort intellectuel.

D. G. — Vous aviez un rival à Columbia, avec Michel Riffaterre, votre homologue.

T. B. — Les rapports étaient relativement mauvais. Et, dans la mesure où ce n'était pas tout à fait mauvais, nous nous sommes acceptés. Riffaterre était un homme très intelligent, mais, *mais,* qui marchait sur une ligne droite axée sur lui-même. Il n'y avait pas de ligne Columbia. Aujourd'hui il y en a, Columbia s'est beaucoup améliorée. C'était un peu comme Trump aujourd'hui, où tout doit passer sur Trump, eh bien tout passait sur Riffaterre. Sa ligne c'était lui. Ce n'était pas une ligne politique, c'était une ligne intellectuelle, axée sur ses écrits, les livres des gens qu'il publiait, à Columbia, et chez Gallimard. Il avait réuni des gens intéressants, un groupe de fans de Columbia. Cette méthode n'a jamais été la mienne.

D. G. — Et *Semiotext(e)*, la revue et maison d'édition que Sylvère Lotringer a dirigée de Columbia, qu'en pensiez-vous?

T. B. — *Semiotext(e)* m'a toujours intéressé, parce que je trouve que Lotringer avait quelque chose. D'ailleurs, nous l'avons invité à NYU dès les années 1970, il venait d'arriver à Columbia. Il était très intelligent, et d'une intelligence qui n'était pas dogmatique, ou seulement universitaire. Il voyait, il cherchait des ouvertures, des rapports. S'il se passait des choses à Columbia, c'était grâce à lui. J'ai toujours admiré ça. Même si je n'ai pas toujours apprécié ce qu'il faisait, mais ce n'était pas important. Rétrospectivement, c'était une initiative vraiment intéressante. D'ailleurs, Baudrillard était un auteur proche de Lotringer et qui est souvent venu chez nous, notamment pour parler du 11-septembre, avec Laure Adler.

D. G. — Une autre figure qui vous est chère est celle de Roland Barthes…

T. B. — J'ai eu la chance de bien connaître Barthes. Ce qui me passionnait chez Barthes, c'était à quel point il se *donnait*. Il était ouvert, il était libre, il voulait parler, il voulait plaire. Mais plaire, pas dans le sens de faire des choses sympathiques, mais de correspondre à une attente. Et il a toujours correspondu à une attente, je trouve. Je l'ai invité plusieurs fois, Il est venu donner une conférence, puis des conférences. Il y avait entre lui et le public une entente difficile à expliquer, mais très belle. Il était heureux de parler. On avait l'impression qu'il y avait un don de soi, que Barthes se donnait, une chose assez rare. C'est assez rare, quelqu'un qui se donne comme ça, qui avait le désir, dans ce qu'il disait, de faire passer, de faire passer sa pensée. Et il le faisait avec tellement de joie, c'était vraiment assez remarquable. J'ai rarement vu cela chez quelqu'un, et j'ai rarement vu ça chez un prof ou chez un philosophe. D'ailleurs, je me demande : est-ce qu'on avait l'impression d'avoir un philosophe avec nous ? Pas tellement, ce n'était pas tellement le philosophe qui parlait, ce n'était pas un discours, où on pouvait parler de *lui* et *nous*. C'était plus simple. Il était simple. Il a été professeur invité, et avec lui est venu aussi toute une nouvelle génération de chercheurs : Philippe

Roger, qui était à son séminaire, a été aussi toutes les années 1980 à New York.

D. G. — Vous avez fait beaucoup de rencontres, Tom. Quelles étaient leurs impulsions?

T. B. — Je suis très loin d'avoir rencontré tout le monde. Mais j'ai rencontré ceux que j'avais envie de rencontrer. J'ai fait des choix. Et Barthes, c'était par exemple quelqu'un. Je cherchais, je voulais connaître Barthes. Et je voulais connaître Beckett, bien entendu, et d'autres aussi. C'était chaque fois un désir de ma part. Et ce désir était intense et vrai. C'est-à-dire, je ne cherchais pas les gens pour pouvoir dire: «J'ai rencontré tel ou tel» et je ne cherchais pas à rencontrer les gens pour pouvoir parler. J'ai vu Barthes pas mal de fois à Paris, avant qu'il ne vienne à New York, et je l'ai vu à Paris quand il enseignait à Paris, et il est venu nous parler après être venu me parler. Mais *me* parler, il n'a pas cherché à venir *me* parler, mais *nous avons parlé*, je crois que c'est le mot qui est juste. Il aimait les jeunes, et il aimait parler, il se sentait à l'aise.

D. G. — Vous choisissiez qui vous vouliez rencontrer, et ensuite vous alliez les rencontrer?

T. B. — Je ne cherchais pas à rencontrer tout le monde, et je cherchais vraiment à rencontrer les gens qui pouvaient m'intéresser. C'est dans ce sens-là que j'ai fait des choix, tout de même.

D. G. — Comment faisiez-vous ces choix, quels étaient vos critères ? Telle personne va vous intéresser, telle autre pas ?

T. B. — C'est peut-être ridicule de le dire, mais ce qui m'intéressait c'était les gens intéressants, des gens dont l'écriture, et peut être la parole si je l'avais entendue, m'intéressaient. Ils étaient évidemment différents, très différents même. C'est pour cette raison que nous avons pu inviter des figures de champs et d'approches radicalement distinctes les unes des autres.

D. G. — N'y avait-il pas néanmoins dans vos choix un souci de l'avant-garde, de la modernité ?

T. B. — Pas de *souci*, non. Ce n'était pas théorique, pas programmatique : j'étais souvent à Paris, j'allais au festival d'Avignon, je suivais le festival d'Automne, toutes ces rencontres qui font la vie artistique française. Et ce que nous faisions s'articulait autour de colloques : c'est ainsi que, dans les années 1970, nous avons commencé, avec Serge Doubrovsky, avec un important colloque sur Proust et la nouvelle critique. Il y avait Serge, Leo Bersani, Gérard Genette, qui est venu souvent chez nous.

D. G. — Vous n'avez pas invité beaucoup d'historiens de la littérature très conservateurs à NYU.

T. B. — Non je ne peux pas dire que je l'aie fait. Mais enfin, j'ai invité, nous avons invité – mais c'était pour des raisons particulières –, des gens qui étaient certainement plus conservateurs que ceux que j'aimais, et que j'invitais, parce qu'ils étaient là, parce qu'on pouvait les avoir, faire de NYU une étape de leur parcours.

Par ailleurs, je n'ai pas seulement invité des gens qui pouvaient m'intéresser, mais aussi des gens qui pouvaient intéresser notre département. C'était important. Les choses n'étaient pas complètement personnalisées.

D. G. — À quoi attribuez-vous le fait que le rapport Paris-New York se soit, dans la perception du monde intellectuel, notamment français, à ce point personnalisé ? Que tout se soit concentré sur vous ? On m'a raconté que Philippe Sollers considérait que c'était de votre faute si ça n'avait pas marché à New York. À un moment, on a pensé que New York c'était Tom Bishop.

T. B. — J'occupais pas mal de place, quand même. La réaction de Sollers était évidemment fausse, mais typique. Il tournait en rond autour de son cercle et pouvait donc en parler, le faire connaître à ses étudiants. Mais il l'a fait mal connaître. Cela n'a pas marché, je n'ai pas du tout contribué à ce que ça marche mal, ça marchait mal parce qu'*il* marchait mal, parce que ce qu'il faisait ne marchait pas.

Sollers était dans sa gloire, c'était au moment où il était le plus célèbre. Et donc cela marchait parce que c'était Sollers, les gens sont venus écouter, l'écouter quand il parlait. Mais cela n'a pas marché parce qu'il cherchait à donner une idée de lui-même. Il travaillait beaucoup à se présenter, à ce qu'on ait une idée de qui est Philippe Sollers. Il était trop autocentré, et les étudiants, le public, voulaient une vision du monde, pas de Sollers.

Cela l'a desservi d'être pris en charge par lui-même, tout le temps, tout le temps, tout le temps. Ce qui est dommage parce que Philippe est un type qui avait beaucoup de mérite, mais qui ne se laissait pas aller, qui s'enfermait lui-même, sur lui-même, et il s'est desservi. En plus, à partir de *Femmes*, il s'est laissé prendre dans un parisianisme qui a fini par le perdre. Son métier était là, mais pas grand-chose d'autre. D'ailleurs, les presses universitaires qui avaient pris ses précédents livres ne se sont pas bousculées pour celui-là ni pour les suivants.

D. G. — Vous êtes très ami avec Bernard-Henri Lévy, que vous avez été le premier à inviter, en 1980, aux États-Unis, quand personne ne le connaissait vraiment à New York.

T. B. — Il était déjà un phénomène français. On parlait beaucoup de lui à Paris : Barthes l'avait salué, il était peut-être même déjà éditeur. Je l'ai invité à faire une conférence, et cela a été assez pénible parce qu'il fallait qu'elle soit traduite. Il lui fallait être traduit par une étudiante avec lui, puis il s'est autotraduit, mais il l'a mal fait, et donc l'information n'est pas vraiment passé auprès des étudiants, qui en plus remettaient en question beaucoup de choses qu'il disait. Mais il a un tel charisme que cela attirait, ça marchait, le public a marché. Le public a compris qu'il était en face de quelqu'un de plus grand que nature.

Et puis il fallait le suivre. Donc ils ont essayé de suivre, avec beaucoup de difficulté : il a réussi à les emporter, sans qu'ils comprennent vraiment ce qui les emportait.

Il y a eu un certain nombre de réunions avec Bernard dans les années qui ont suivi, et, au fur et à mesure, il s'est fait comprendre normalement. Donc ça a été un début, mais qui a bien marché. C'était tout à fait le début de son aventure américaine, oui. Il était encore ici il y a quelques années…

D. G. — Vous avez aussi eu une bonne connaissance des médias…

T. B. — C'est vrai que je suis conscient que, si personne ne sait ce que vous faites, cela n'existe pas. J'ai eu la chance d'être suivi par la presse française pour ce que je faisais à New York et à Paris : souvent *Le Monde* a fait des reportages sur nos événements. J'ai par ailleurs collaboré, ici, à la *New York Times Book Review*, et fait un certain nombre de comptes rendus de livres, notamment de littérature contemporaine d'avant-garde. En France, j'ai beaucoup suivi l'*Observateur*, et Jean Daniel était un ami. Comme pour Mendès et pour Badinter, j'ai beaucoup de respect pour les idées qu'il a défendues, pour la position qui était la sienne. Mais pour répondre à votre question, le problème de la presse rejoint des sujets différents : disons qu'on appartient à un milieu, et que, quand on monte des opérations, et qu'on a la chance que cela intéresse la presse, cela permet d'avoir encore plus d'impact.

D. G. — Ce qu'on sait moins de vous, Tom, c'est que vous vous êtes posé la question, dans les études de langue française, de ce que l'on appelle maintenant le «postcolonial» et le «décolonial». Vous avez ainsi fait venir Assia Djebar, d'abord comme professeure invitée, puis comme professeure, dès les années 1990.

T. B. — Absolument. Assia avait déjà enseigné un peu, et il était clair qu'elle enseignait la littérature postcoloniale. Elle était elle-même une écrivaine d'importance, et elle défendait cette approche avec beaucoup d'énergie, de talent, de volubilité. Elle parlait de façon toujours intelligente et *facile*. Elle parlait facilement : elle était à l'aise.

D. G. — Comment cela s'est-il passé ?

T. B. — J'ai mis un certain temps. Assia est venue d'abord faire des conférences et ensuite je l'ai invitée pour venir rejoindre le département. Quand je dis «je l'ai invitée», c'est vrai que je l'ai invitée, mais on n'est jamais seul à inviter quelqu'un, et le département était tout à fait d'accord pour le faire. Donc c'était une invitation formelle et très ouverte que le département a lancée, avec vraiment une complète unanimité. Denis Hollier, notamment, y était très favorable.

D. G. — Mais pourquoi était-ce important ?

T. B. — C'était important parce qu'on avait l'impression d'avoir devant nous quelqu'un qui était capable de se déplacer beaucoup, ce qu'elle a fait : elle s'est beaucoup déplacée, elle s'est beaucoup donnée, elle a parlé à droite et à gauche, chez nous et ailleurs ; et elle a fait connaître la littérature postcoloniale, enfin, une *certaine* littérature postcoloniale, pas *la* littérature postcoloniale, qui est une essentialisation problématique.

D. G. — Pourquoi était-ce important pour vous d'intégrer la littérature du Maghreb ?

T. B. — Nous étions arrivés à un point où il était clair que cette littérature avait besoin d'être représentée, d'être entendue, que les choses avaient changé, que la littérature postcoloniale était une littérature importante, et que nous avions envie de continuer à écouter et à parrainer. Et c'est ce que nous avons fait, avant que d'autres universités ne nous emboîtent le pas, certaines beaucoup plus tard. Nous avons aussi célébré Édouard Glissant et le métissage, dès la fin des années 1990, avec un grand colloque auquel ont aussi participé Maryse Condé et bien d'autres figures. Au même moment, nous avons invité Gayatri Spivak à parler de la *French Theory*.

D. G. — Parlant du département, vous aviez la réputation, Tom, d'être très autoritaire.

T. B. — Ah bon ?

D. G. — Ce n'est pas vrai?

T. B. — Je parlais avec autorité, mais est-ce que j'étais autoritaire? Je ne crois pas, mais bon, si on le dit, il faut croire que j'ai tort. Que voulez-vous que je vous dise? Ce qui est vrai, c'est que j'ai toujours souhaité que les professeurs du département, aussi bien que les professeurs invités, se sentent soutenus dans leurs démarches. Dans les colloques que j'organisais plusieurs fois par année, et dans le grand colloque annuel, ils avaient toujours leur place. Je ne peux pas me souvenir d'un seul colloque où il n'y aurait pas eu au moins un enseignant de NYU. Il s'agissait aussi, autant que je le pouvais, d'insuffler de la vie au département.

D. G. — Cela mène à la question importante des rapports entre le centre et l'université.

T. B. — Écoutez, je dirigeais le centre et je suis professeur à l'université. Il était donc normal, comme je vous l'ai dit, qu'il y ait des points de rapprochement, et, au contraire, il serait inacceptable qu'il n'y en ait pas. Pour le cycle que j'ai monté avec Olivier Barrot, dont j'étais très fier, «French Literature in the Making», nous faisions venir chaque mois un écrivain français, qui pouvait présenter ses travaux au public new-yorkais. Oui, bien sûr, il y avait un public autour de la Maison Française de NYU, mais c'était aussi l'occasion pour nos étudiants et pour les collègues d'être en contact, non seulement avec l'histoire, mais aussi avec ce qui se fait aujourd'hui. Le but n'était pas que certains événements soient destinés aux étudiants, d'autres à d'autres publics. Tout devait se mêler.

D. G. — On connaît votre rapport à Deleuze, Derrida, Robbe-Grillet, etc., mais cette période s'est arrêtée autour des années 1990-2000. Vous auriez pu vous arrêter, vous dire « ce qui se passe après ne m'intéresse pas, ce n'est plus mon problème », mais vous avez continué au contraire à vous confronter au contemporain. Pourquoi ?

T. B. — J'ai du mal à vous répondre autrement que par pourquoi pas ? Puisque c'était ce que j'avais fait pendant toute ma vie, c'était ma vie professionnelle, et ma vie professionnelle n'avait pas changé. Et elle était très forte. Donc je ne sais pas pourquoi je n'aurais pas continué. Nos invitations des années 2000, les rencontres entre écrivains français et américains que nous avons organisées, les conférences et les spectacles quasi quotidiens, les discussions artistiques – auxquelles vous avez vous-même participé, avec Philippe de Montebello, Joachim Pissarro et Philippe Vergne. Il n'y avait pas de raison de s'arrêter.

D. G. — Est-ce que vous avez le sentiment que les années 2000 et 2010 ont été aussi riches que les années 1960, 1970 et 1980 ?

T. B. — Non, je ne pense pas. Mais cela ne veut pas dire que les prochaines ne pourront pas redevenir riches. Disons que, pour le moment, elles ne le sont pas redevenues.

D. G. — Pourquoi?

T. B. — Pendant longtemps, je pouvais aller à Paris, rencontrer mes amis, les amis de mes amis, et avoir le sentiment de ce qui se faisait. Aujourd'hui, c'est devenu impossible: nous avons été parmi les premiers à intégrer les littératures caribéennes, mais ce n'est pas assez. La pensée est en Afrique, en Inde, en Amérique latine. Elle est issue, souvent, de discussions qui ont pu avoir lieu dans les années 1960, mais la richesse dont je vous parlais n'est plus celle d'un seul endroit. Je ne sais pas si elle l'a jamais été, mais au moins on pouvait en avoir le sentiment.

D. G. — Pensez-vous que le statut de la langue et de la littérature françaises a changé?

T. B. — Oui, et c'est un grand signe de faiblesse relative. Le français aujourd'hui est plus faible qu'il n'était auparavant. Je ne le nierais pas, c'est clair, c'est exact, ça ne me plaît pas. On le voit dans tous les départements. Pour lui redonner de l'énergie, il faut l'ouvrir.

D. G. — Je voudrais vous interroger aussi sur NYU. Quelle a été, qu'est devenue et quelle est sa place dans les rapports avec la France?

T. B. — La place de NYU par rapport à la France est énorme. Elle a été énorme parce que je me suis donné beaucoup de mal pour qu'elle soit énorme, pour qu'elle reste énorme. C'est un travail qui s'est fait ; qui s'est fait consciemment, j'y ai travaillé. Beaucoup d'universités créent des centres un peu partout, mais NYU à Paris était, il y a cinquante ans, une nouveauté, et nous avons beaucoup fait. Nous avons beaucoup fait pour que NYU à Paris soit un programme de qualité, et pour que Paris y attire des étudiants. Nous avons créé des partenariats pour nos programmes, avec le festival d'Automne, avec France Culture, avec des journaux... Denis Huisman était un grand ami : il était à cheval entre les deux, et nous avions monté ensemble des cours d'été à NYU Paris, avec les écoles qu'il a fondées.

Mais si l'on compare, par exemple, les années 1970-1980, 1980-1990 et maintenant, on voit une chute assez nette du nombre d'étudiants, et qui n'a pas changé. La chute, la baisse de l'intérêt pour la France est omniprésente, on n'y peut rien. Et je vois maintenant à l'université, dans les universités, que les littératures marchent mal, que les littératures française, italienne, espagnole, les langues latines, tout cela marche mal.

Les étudiants ne sont plus à l'écoute, ils n'étudient plus la littérature, cela ne les intéresse plus, et c'est évidemment quelque chose que je regrette énormément. J'ai passé pas mal de temps à me battre contre cette baisse, que je crois maintenant acquise, perdue. La chose littéraire est en mauvaise passe, et chez nous comme ailleurs, mais c'est vrai au Collège de France, c'est vrai partout. Ce n'est pas qu'une question propre aux universités américaines.

D. G. — Est-ce que vous pensez que les rapports entre monde intellectuel et monde universitaire ont changé?

T. B. — Le monde intellectuel a certainement changé, il s'est rétréci, et ce dont je vous parle maintenant, les littératures, par exemple, se défendent mal dans les universités françaises, américaines, italiennes, partout. C'est pareil partout, et cela vaut pour la littérature en général. Il y a une baisse partout de la chose littéraire. On a le sentiment que cette porosité que je défendais entre universités, études, création, entre les différents médiums, n'est plus la règle.

D. G. — Est-ce que vous avez le sentiment d'avoir appartenu à une époque héroïque qui est révolue?

T. B. — Révolue, je crois, héroïque, non. Ce n'était pas héroïque, c'était formidable. Avoir participé à la grande époque littéraire était merveilleux : pensez que nous nous adressions à des publics étudiants passionnés. On n'était pas obligé d'être héroïque pour y participer. On avait de la chance d'avoir la possibilité d'y participer.

D. G. — Il existe un parallélisme intéressant entre vous et Robert Silvers, le légendaire co-fondateur et directeur de la *New York Review of Books*. Bob nous a quittés en 2017, vous, vous êtes encore très en forme parmi nous ; vous avez quatre-vingt-dix ans, il en avait quatre-vingt-neuf ans ; vous ne lâchez pas, il ne lâchait pas non plus. Vous dédagez une énergie très particulière, que tout le monde n'a pas aujourd'hui, et qui se trouvait aussi chez Bob, de même que la curiosité par ailleurs.

T. B. — Je vois très bien les rapports entre Bob et moi, le faita que nous allions dans le même sens, vers la continuation de quelque chose qui avait été très fort jusqu'à présent et que nous voulions continuer, que ce soit dans notre rapport à la vie ou dans la vision de ce que nous défendions. Je crois que c'était un peu notre but à tous les deux.

D. G. — À NYU, vous avez également accompli un travail en quelque sorte de direction artistique lorsque vous invitiez des gens et leur commandiez des textes. Les *Florence Gould lectures*, ces volumes que vous avez dirigés à partir des conférences tenues à l'université, ne témoignent-elles pas de ce travail?

T. B. — Oui, c'est vrai. J'ai d'ailleurs exercé parfois des fonctions de directions artistiques, pour des festivals, par exemple. Un vrai et grand travail de création a été fait autour *des* littératures, pas de la littérature, mais de toutes les littératures, *des* littératures. Ce n'était pas limité à la France. Chez nous, cela a été une époque relativement longue et relativement puissante, très forte et très puissante, et on a compris que les littératures domestiques françaises ou les littératures métissées avaient quelque chose à dire qui touchait au public new-yorkais en général. Ce n'était pas que l'université, même si beaucoup de choses sont passées par là, et sont passées par là en laissant des traces très dynamiques. Et ça, c'est quelque chose de positif qui est resté, dans l'université et au-delà.

On peut se demander ce qu'il reste de tout cela maintenant – quand je suis pessimiste, je me dis qu'il n'est pas sûr qu'il en reste grand-chose ou quoi que ce soit. On se pose la question, en tout cas je me la pose, de notre héritage.

D. G. — Est-ce que vous avez des regrets, des auteurs que vous pensez avoir oubliés, que vous auriez dû inviter plus, des personnes à côté desquelles vous avez l'impression d'être passé ?

T. B. — Sans doute, j'ai dû passer à côté de certains. Mais la façon dont vous posez la question semble donner le sentiment que je choisissais telle personne contre telle autre. Ce n'était pas du tout le cas. Certaines personnes venaient souvent, cela marchait bien, d'autres moins souvent, d'autres pas du tout. Cela ne correspondait pas seulement à des choix arbitraires, mais dépendait aussi des étudiants et, bien sûr, des invités eux-mêmes. Était-ce mon rôle de décider de ce qui était juste ou nons ?

D. G. — Ne vous posez-vous pas la question de savoir si, en invitant telle ou telle personne, ça aurait pu marcher ?

T. B. — Peut-être. Mais si je me suis posé ce genre de question, je l'ai assez vite évacuée. Je ne peux donc pas vous répondre.

D. G. — Comme je vous le disais, ce que vous avez fait donne le sentiment d'avoir appartenu à une sorte d'époque héroïque de la pensée, de l'action : est-ce que, de la même manière que quand Robert Silvers nous a quittés, on s'est dit : « il ne pourra plus y avoir de Bob Silvers après Bob Silvers », est-ce que vous pensez qu'il pourrait y avoir un Tom Bishop après Tom Bishop, ou est-ce que c'est impossible ?

T. B. — C'est une question difficile que vous me posez. Il faudrait tout d'abord qu'il y ait la possibilité d'un ensemble positif vers la création poétique, intellectuelle, ce qui n'est pas le cas aujourd'hui. Aujourd'hui, la littérature n'est pas assez forte, elle est devenue faible, elle a besoin de se défendre pour survivre. Je ne parle pas de la littérature française, mais *des* littératures, et de la façon dont elles sont enseignées dans les universités. Les départements de littérature sont faibles face aux autres.

Il faudrait d'abord qu'il y ait une nouvelle situation intellectuelle dans les universités ou dans ce qui aura supplanté les universités. Ce que j'ai pu faire reposait sur une possibilité de faire passer les interventions du monde littéraire, ou de la vie publique, à l'université, sans aucun problème. Je sais bien que cela peut sembler un peu nombriliste, une sorte de : « il faut que ce soit un peu comme avant ».

Peut-être qu'il ne faut pas que ce soit comme avant, qu'il faut que ce soit complètement différent. C'est une question de fond. Les conditions qui m'ont permis cette action ne sont pas forcément celles qui permettront une autre action. C'est facile de vous répondre en pensant: «Eh bien, il faudrait tout d'abord qu'il y ait des départements de littérature forts, il faut qu'il y ait des universités fortes qui défendent la littérature», mais tout cela, c'est basé sur l'actualité, voire même sur le passé. Je vous dirais qu'il faut que les choses soient comme elles l'ont été, et évidemment c'est faux.

Mais qui sait comment les choses peuvent tourner? Peut-être que la littérature va devenir quelque chose de très vivant, dans un sens beaucoup plus large, plus facile, plus abordable, mois segmenté que maintenant: peut-être que la question des universités va devenir de plus en plus limitée, et perdre toute pertinence. Et dans ce cas, dans ce sens, *so what*? Ce n'est pas mal. Mais ce ne serait pas comme maintenant.

D. G. — Vous avez aussi bénéficié à NYU pendant très longtemps d'une autonomie quasi intégrale. Le Centre de civilisation française était un royaume dans le royaume.

T. B. — Oui, c'est vrai. Mais c'est parce que je l'ai voulu ainsi et créé ainsi. C'était une situation particulière, dans une université, qui non seulement tolérait, mais favorisait de telles politiques. Mais ça c'était pour le passé: mon premier instinct, pour répondre à votre question, est d'imaginer que cela devrait continuer comme cela a commencé, mais c'est impossible. Peut-être que la suite doit être toute autre, mais je ne peux pas le prédire. Je ne vous réponds pas parce que je ne sais pas vous répondre.

D. G. — Y a-t-il des choses dont vous êtes particulièrement fier, dont vous vous dites qu'elles étaient de très grandes réussites?

T. B. — Je suis fier de ce que nous avons créé à l'université, de l'ensemble des enseignants que nous avons recrutés. Je ne cesse de revenir à votre question. Il faudrait que ça continue de la même manière, mais peut-être cela continuera-t-il autrement. En tout cas, je suis fier, très fier même, de ce contraste entre ce qui est et ce qui a été. J'ai eu la chance de le vivre, avec intérêt et beaucoup de plaisir aussi.

D. G. — Tom, aujourd'hui, je sais que vous repensez beaucoup à votre jeunesse à Vienne, est-ce que vous vous sentez viennois, juif viennois, est-ce que vous vous sentez new-yorkais, est-ce que vous vous sentez français, est-ce que vous vous sentez parisien, ou tout cela en même temps?

T. B. — Grande question. Je me sens new-yorkais tout d'abord : new-yorkais, c'est ce que je suis. New York, pour moi, est une capitale de la pensée que je vis avec joie, avec malheur maintenant que je vois tout cela baisser – j'allais dire dégringoler, c'est faux, ça ne dégringole pas. Mais ça baisse, ça baisse, ça baisse, ça continue de baisser. Pour quelqu'un comme moi, qui a connu un New York actif, vivant, où tout était objet des conversations les plus ouvertes… C'est triste.

Alors, Vienne dans tout ça je m'en fiche éperdument. Je n'ai aucune attirance pour Vienne.

D. G. — Et pour votre identité de juif viennois? Pas la Vienne qui est devenue une ville nazie, mais l'identité de juif viennois? Le monde de Sigmund Freud, le monde de Robert Musil, de Karl Kraus, le monde de votre famille?

T. B. — Oui, j'aime tout cela. Mais c'est si loin maintenant... Je suis juif viennois, mais je suis juif viennois complètement non juif, et non viennois. Donc il y a dans tout ça pour moi une contradiction interne.

Qu'est-ce qui a remplacé Vienne? Je n'en sais rien. Vienne est toujours là, Vienne a été remplacée par Vienne. La Vienne de l'un a été remplacée par la Vienne de l'autre, mais c'est toujours Vienne.

D. G. — Vous êtes new-yorkais, vous êtes un juif viennois non juif et non viennois... vous êtes parisien?

T. B. — Alors parisien certainement, passionnément. J'aime Paris, j'aime être à Paris, j'aime Paris parce que c'est ma ville. Et c'est la ville où je me sens merveilleusement chez moi. De la New York University à Paris, au Flore, à ces rues que je traverse depuis des décennies, où j'ai tant vécu, et où j'ai tant d'amis.

D. G. — Plus qu'à New York?

T. B. — Non pas plus qu'à New York.

D. G. — Autant qu'à New York?

T. B. — Autrement qu'à New York.

D. G. — Américain?

T. B. — Américain, certainement, mais être américain parfois est très difficile. Vous n'avez qu'à regarder M. Trump et les activités de ce cher M. Trump. Et alors vous comprenez à quel point il est difficile d'être américain. Mais américain je le suis, et américain je le reste.

D. G. — Pour revenir à une identité dont on a parlé avant – juif –, est-ce que vous vous considérez juif?

T. B. — Écoutez… Je me considère juif parce que la vie fonctionne comme ça. On vous fait juif. On vous nomme juif, on vous cite, «Bishop, vous êtes juif», Baumgarten, vous êtes juif. On nous exclut, et on nous nomme.

D. G. — Bischofswerder, vous êtes juif.

T. B. — Bischofswerder, vous êtes juif… Ce qui est assez drôle, puisque Bischofswerder, mon nom allemand, est un nom aussi chrétien que Bishop. «Le serviteur de l'évêque», on ne peut pas faire mieux que cela.

Mais bon, puisque je suis complètement athée – je n'ai aucune pensée religieuse –, alors évidemment avoir à répondre à des questions de parenté religieuse me semble de toute manière assez artificiel: qu'est-ce que ça veut dire? Pour moi cela ne veut rien dire.

D. G. — Qu'est-ce que vous êtes de plus que toutes les identités qu'on a nommées, refusées ou reprises?

T. B. — New-yorkais, beaucoup plus qu'américain.

D. G. — Parisien plus que français?

T. B. — Oui, certainement. Enfin, ce n'est pas contre l'appellation française, mais plus pour l'appellation parisienne. J'ai vécu en France, passé du temps en France, mais Paris est la ville où je retourne tout le temps. Cela peut sembler démodé, mais il y existe une vie intellectuelle que je n'ai connue nulle part ailleurs.

D. G. — Vous n'êtes pas antifrançais, vous êtes pro-parisien.

T. B. — Je ne suis certainement pas antifrançais, non.

D. G. — Comment vous définiriez-vous, au-delà de ces catégories?

T. B. — Je crois que j'ai fait le tour, je ne pense pas avoir oublié quelque chose que je suis. Je suis américain, universitaire, français, parisien : je suis les deux, français *et* parisien. Mais je ne suis pas catholique, et je ne suis pas protestant. Et je ne cherche pas à l'être.

D. G. — À la fin de cet entretien, est-ce qu'il y a quelque chose que vous voudriez ajouter, qu'on aurait oublié?

T. B. — Il faudra sans doute que je vous appelle d'ici à deux jours pour vous dire : « Ah ! mais non, il y a aussi… *et cetera.* » Mais les choses importantes, comme français, américain, parisien, *et cetera*, on en a déjà parlé, assez je crois, et je ne pense pas avoir oublié quelque chose d'important, d'important pour moi. Pour le monde, c'est autre chose.

4

VIE

D. G. — À votre avis, dans quelle mesure la littérature a-t-elle changé au cours des nombreuses années pendant lesquelles vous vous y êtes intéressé ?

T. B. — La définition de la littérature n'est jamais fixe : elle change, sans cesse, énormément, et ce n'est pas grave. Les gens doivent changer, et ils changent effectivement. La littérature ne peut pas être séparée du monde, des gens. Je ne dis pas qu'elle en est simplement le reflet, ce ne serait pas exact. Je crois que la littérature est un voyage de découverte. Et de fait, grâce à mon travail ici, j'ai découvert un grand nombre de personnes. Je suis sûr que vous aussi.

D. G. — Quand vous m'avez invité à organiser une conférence avec vous au Centre de civilisation et de culture françaises de la New York University, j'ai immédiatement songé à « Re-Thinking Literature » (repenser la littérature), une question que vous n'avez jamais cessé de vous poser, j'imagine, tout au long du chemin.

T. B. — Franchement, je ne sais pas. Que faire pour repenser la littérature ? Une des choses que nous apprend notre pratique ici est que nous rassemblons des gens. Nous faisons se rencontrer des gens qui travaillent sur la littérature, sur des textes passionnants, sur des formes d'expression littéraire différentes de celles sur lesquelles nous avons travaillé pendant toutes ces années. Nous nous vouons à la nouveauté.

J'ai consacré beaucoup de temps à réfléchir au fonctionnement des œuvres d'avant-garde. Malgré le passage des ans, l'avant-garde comme façon d'aborder la littérature, la pensée, m'a toujours attiré.

C'est ce qui fait de la littérature ce qu'elle est, ce qui rassemble les gens, que ce soit Rimbaud ou Rabelais, pour rester au niveau. C'est ce phénomène de l'élément littéraire, de la présence littéraire, qui me fascine.

D. G. — Vous avez été très pluraliste à cet égard. Beaucoup des gens que vous avez soutenus ou dont vous avez été proches se haïssaient, voire se haïssent encore. Comment faites-vous pour rester aussi pluraliste, disons de Jacques Derrida à Michel Houellebecq ?

T. B. — Ah, vous me mettez sur la sellette ! De Derrida à Houellebecq, dites-vous. Pourquoi pas plutôt de Derrida à quelqu'un d'autre ? J'aime beaucoup Derrida, moins Houellebecq. Il était néanmoins naturel que je l'invite assez tôt à NYU. Nul besoin de défendre Derrida aux dépens de Houellebecq. C'est trop évident.

D. G. — Si vous permettez, je vais rendre plus compliqués encore les termes de l'équation avec deux de vos amis proches : de Samuel Beckett à Pierre Bergé, le partenaire d'affaires et de vie d'Yves Saint Laurent. Quels écarts vous réussissez à combler !

T. B. — Question difficile ! Je garde Beckett pour plus tard et vous réponds sur Bergé, que j'ai bien connu, aimé et respecté. C'était un être humain exceptionnel, certes pas un grand écrivain, mais un extraordinaire imprésario et révélateur de la littérature. Il a aidé à soutenir la littérature, mais pas n'importe laquelle. Cela ne signifie pas que tout ce qu'il défendait était nécessairement génial. Mais ce n'est pas important. Il n'est pas nécessaire d'être juste à cent pour cent dans ses choix. Ce qui importe, c'est la direction prise et l'objet de la recherche. Ce qui compte, c'est une nouvelle invention, une nouvelle pensée, et une bonne nouvelle pensée. Je ne vais pas me livrer à la comparaison dont j'ai essayé de m'éloigner. Je ne suis pas du genre à frapper un écrivain. Bergé a soutenu, vraiment soutenu, avec force et sérieux, quantité d'écrivains de toutes sortes, dont beaucoup étaient exceptionnels. Son action ne s'est pas limitée à la littérature française. Les littératures qu'il a soutenues au cours de sa vie ont été multiples. Elles ont grandement contribué à l'avancement de la culture, pas seulement en France, mais dans le monde entier.

D. G. — J'ai une dernière question à vous poser. À près de quatre-vingt-dix ans, vous êtes une légende dont l'énergie et le dynamisme forcent l'admiration. Aujourd'hui, comment vous voyez-vous, exactement, un universitaire, un écrivain, un imprésario culturel, un mélange des trois, quelque chose d'autre?

T. B. — J'ai du mal à vous répondre, car je n'ai pas l'habitude de me décrire moi-même. Je ne sais vraiment pas, et cela ne m'intéresse pas.

D. G. — Qu'est-ce qui vous intéresse?

T. B. — La vie, pour le dire simplement. Je me suis laissé faire cette fois, n'est-ce pas? Vous m'avez traité de nonagénaire. J'aurai quatre-vingt-dix ans dans deux mois. J'aimerais, dans deux mois, avoir vingt-deux ans. C'est ce que je préférerais, mais ça ne se passe pas comme ça. Rassurez-vous, je ne passe pas mon temps à m'en inquiéter ou à y penser. En fait, je ne me préoccupe pas de mon âge, ni de l'âge en général.

Ce qui m'intéresse, c'est de vivre pleinement ma vie. J'aimerais avoir une chance de rester pleinement en vie et conscient jusqu'à la fin de mes jours. Ce serait un grand cadeau. J'ignore pourquoi on devrait me faire un cadeau, mais si c'était possible, ce serait bien. J'en serais heureux.